Von Taugenichts bis Steppenwolf

Peter Braun

Von Taugenichts bis Steppenwolf

Eine etwas andere Literaturgeschichte

Bloomsbury
Kinderbücher & Jugendbücher

Meinen Eltern

Die Schreibweisen in diesem Buch entsprechen den Regeln der neuen Rechtschreibung. Zitate aus literarischen Werken sind allerdings in der jeweiligen Originalschreibung wiedergegeben.

 | Umschlaggestaltung: Nina Rothfos und Patrick Gabler, Hamburg | Typografie und Gestaltung: Renate Stefan, Berlin | Gesetzt aus der Stempel Garamond und Helvetica bold durch psb, Berlin | Druck & Bindung: Friedrich Pustet, Regensburg | Printed in Germany 2006 | ISBN-13: 978-3-8270-5180-6 | ISBN-10: 3-8270-5180-0

Inhalt

Vorwort

Frage: An welches Buch aus meiner Schulzeit erinnere ich mich? Antwort: An keines. Nicht ein einziges. Was ich weiß, ist: Ich kaufte mir mein erstes Buch an dem Tag, an dem ich die Schule verlassen, eine Lehre begonnen hatte. Hermann Hesse *Unterm Rad*, die Geschichte des Hans Giebenrath, der in der Schule scheitert und eine Lehre beginnt, die er nicht aushält. Er ertrinkt. Selbstmord wird vermutet. Nichts schilderte besser, was ich empfand. Seitdem lese ich. Zuerst weiter Hermann Hesse *Das Glasperlenspiel*, dann *Der Steppenwolf*, dann Bertolt Brecht. Mein erstes gebundenes Buch war Miguel de Cervantes Saavedras unvergleichlicher *Don Quijote*. Danach kam Robert Musil *Die Verwirrungen des Zöglings Törleß*, dann Grimmelshausen *Der abenteuerliche Simplicius Simplicissimus Teutsch* und immer mehr und noch mehr. Niemand brachte mir zu lesen bei, keiner empfahl mir ein Buch. Ich las völlig wahllos, die schlauesten Bücher, den übelsten Schund. An all das erinnere ich mich sehr genau. Doch warum erinnere ich mich nicht an die Bücher meiner Schulzeit?

Ich nehme an, Goethe wurde gelesen, bestimmt

Schiller, Gedichte von Mörike – wer weiß. Vielleicht würde ich mich ihrer entsinnen, wäre mir etwa zugleich mit Goethes Geschichte einer unglücklichen Liebe, *Die Leiden des jungen Werthers*, erzählt worden, dass Goethe aus dem Haus geworfen wurde, als er einer schon Verlobten gar zu sehr nachstieg. Vielleicht hätte ich Schiller vergnüglich gefunden, wenn ich geahnt hätte, dass Ludwig Tieck vor Lachen vom Stuhl fiel, als er *Die Glocke* las, und dass selbst Schiller sein eigenes Lied *An die Freude* nachher peinlich war. Oder Mörikes *Der Feuerreiter* und *Die Geister am Mummelsee*. Jahre später las ich die Gedichte gern. Aber damals? Wohl kaum. Wäre das anders gewesen, hätte ich gewusst, dass Pfarrer Mörike dauernd vorgab, krank zu sein, sich ständig beurlauben ließ, nur um nicht arbeiten zu müssen, und dass seine Pfarraufsicht ihn ein faules Luder nannte? Vermutlich ja. Er wäre mir näher gewesen. Das aber hat mir keiner gesagt. Warum eigentlich nicht?

Vielleicht deshalb: Johann Wolfgang Goethe, Theodor Fontane oder Thomas Mann wurden auf einen Sockel gestellt. So weit oben, so weit weg, kaum noch sichtbar in schwindelnder Höhe, verehrt, beinahe angebetet. Und so standen sie denn mit des Dichters Lorbeerkranz in Erz gegossen, starr und blutleer, kein Flecken durfte die blank gewienerten Denkmäler beschmutzen. Bloß nichts Schlechtes über die schreibenden Helden. Doch leider: Sie waren keine Helden. Die meisten waren dem Hunger näher als dem Ruhm.

Viele verzweifelten in Einsamkeit oder Krankheit. E. T. A. Hoffmann war ein Trinker, Georg Trakl war rauschgiftsüchtig, Hans Fallada war auf Morphium und schoss auf seine Frau, und Goethes Stimme gab den Ausschlag zur Hinrichtung einer Kindsmörderin, obwohl er das Elend des Gretchens, die im *Faust* ihr Kind umbringt, so mitfühlend schilderte. Muss das verschwiegen werden? Natürlich nicht. Im Gegenteil. Hoffmanns *Der Sandmann* oder Falladas *Wer einmal aus dem Blechnapf frißt* sind ausgezeichnete Geschichten, denn keiner muss ein keimfrei guter Mensch sein, um ein gutes Buch zu schreiben, und oft werden Bücher noch weit spannender durch das Wissen um die Lebensgeschichten derer, die sie schrieben.

»Le singe«, der Affe

Gotthold Ephraim Lessing

Im Jahr 1770 hatte der französische König Ludwig XVI. Marie Antoinette geheiratet, Ludwig van Beethoven war geboren, der Spiralbohrer erfunden worden. 1770 war Gotthold Ephraim Lessing dem Angebot des Herzogs von Braunschweig gefolgt, dessen so berühmte wie umfangreiche Bücherei zu verwalten, die in Wolfenbüttel stand. Ein Fehler, denn seitdem schimpfte Lessing vor sich hin und fluchte auf den Herzog. Lessing wollte mit dem vereinbarten Lohn seine üppigen Schulden bezahlen, doch sein Geld kam nur schleppend, da der Herzog keines hatte. Dessen Geliebten, die Feste, Musik, Theater, das gute Leben waren teuer, und weil der Herzog prasste, führte Lessing ein kümmerliches Leben.

Der Hof in Braunschweig aber wusste, dass Lessing schreiben konnte, und bedrängte ihn, ein Theaterstück zu bringen. Doch als am 13. März 1772 seine *Emilia Galotti* auf die Braunschweiger Bühne kam, gab Lessing vor, Zahnschmerzen zu haben, um nicht dabei zu sein, denn das Stück um Fürstenwillkür und höfische Verschlagenheit war ein Skandal: Ein Prinz begehrt darin die bürgerliche Emilia Galotti, die einen anderen heiraten will. Der Prinz lässt sie entführen, ihr Bräutigam wird ermordet. Die Gräfin Orsina, die verstoßene Geliebte des Prinzen, durchschaut ihn. Sie will sich an ihm rächen und verrät Emilias Vater das Komplott. Um der drohenden Schande zu entgehen, zwingt Emilia ihren Vater, sie zu töten.

Vorhang zu. Doch ein Prinz als Mörder, eine Bürgerliche, die lieber stirbt, als sich einem Fürsten zu fügen, war ein starkes Stück, mit dem Lessing ein gefährliches Spiel trieb. »Hunger, Schmach, öffentliche Schande erwarten den, der's wagt, frei von der Brust zu schreiben«, so Christian Friedrich Daniel Schubart, der für seine Schreibangriffe gegen den Adel auf Befehl des Herzogs von Württemberg entführt und ohne Urteil zehn Jahre in der Feste Hohenasperg bei Stuttgart weggeschlossen wurde. Doch Lessing war streitbar in einer streitbaren Zeit. Die Bürger murrten über die fürstliche Verschwendungssucht, die sie zu bezahlen hatten, aber noch mussten sie gehorchen. Noch, denn der letzte große Aufstand um Freiheiten und Rechte lag zwar mehr als zwei Jahrhunderte zurück und die Bauernkriege waren damals blutigst beendet worden, aber die Gedanken von einst waren nicht zu erschlagen gewesen.

Ein wenig Geschichte: Seit Jahrhunderten war das tägliche Leben von der Wiege bis zur Bahre vom christlichen Glauben geprägt. Die Kirche bestimmte durch die Auslegung der Bibel, was richtig, was falsch war, und die Bibel war in Latein geschrieben, das nur von wenigen verstanden wurde. Luthers Übertragung der Bibel ins Deutsche aber hatte entscheidend dazu beigetragen, eine für alle verständliche deutsche Sprache zu schaffen. Die Bibel war damit nicht länger ein Geheimwissen, das bis dahin nur dem Adel, der Kirche und den wenigen Gelehrten vorbehalten war. Aus dem in der Messe gesprochenen unverständlichen

»Hokuspokus«, »Hoc est corpus meum«, wurde »Dies ist mein Leib«. Gutenbergs Erfindung des Buchdrucks ermöglichte die massenweise Verbreitung der übersetzten Bibel, wandernde Mönche, Prediger, niedere Geistliche brachten Gottes Wort auf Deutsch unter die Leute, die nicht lesen konnten. Fragen wurden laut. War der Gekreuzigte nicht für alle gestorben? War Jesus nicht arm? Wozu der Prunk der Kirche? Wo in der Bibel stand, der Weg zum Himmel führt über die Kirche und nur über die Kirche? War das Seelenheil durch Geld zu erkaufen? Der nach Martin Luther benannte lutherische Glaube trat an, die Macht der allein selig machenden Kirche und ihres weltlichen Arms, des Adels, herauszufordern. Der Ruf nach Freiheit erschallte, und die seit je unterdrückten Bauern griffen für ihre Befreiung aus Leibeigenschaft und Knechtschaft zu Sense, Hacke und Mistgabel. Die Bauernkriege entzündeten ein Lauffeuer, das Europa in Brand steckte. Als die Flammen mehr als ein Jahrhundert später am Ende des Dreißigjährigen Krieges 1648 verloschen waren, hatten die Gräuel, die Hans Jakob Christoffel von Grimmelshausen in *Der abenteuerliche Simplicius Simplicissimus Teutsch* beschrieb, Feldzüge und Hexenwahn, Seuchen, Folter und Hunger Deutschland verwüstet. Deutschland war das Schlachtfeld der europäischen Länder gewesen, auf dem der neue lutherische Glaube mit dem alten katholischen Glauben um die Macht in Europa gekämpft hatte. Der Sieger des Schlachtens hieß Frankreich, und Frankreich war König Ludwig XIV. »L'état c'est moi« – der Staat bin ich.

Des Königs prachtvolle Hofhaltung wurde zum Vorbild. Das barocke Schloss in Versailles, Mode, Tanz, Musik, verschwenderische Feste – jeder noch so unbedeutende Fürst ahmte »le roi soleil«, den Sonnenkönig nach, ob nun Geld da war oder nicht. Das Volk hatte dafür geradezustehen und ansonsten zu schweigen, doch Frankreichs gelehrte Bürger begannen sich zu wehren. Ein offener Angriff war allerdings nicht möglich. Die Armee, Spitzel, Steuereintreiber – Hochadel und König waren zu mächtig. Aufstände wurden erbarmungslos niedergeschlagen, der Kerker drohte bei geringsten Verfehlungen. Weil aber das Wort mächtiger ist als das Schwert, wählten französische Gelehrte eine schlaue Waffe. Sie weigerten sich, den christlichen Glauben noch länger als einzige Richtschnur des menschlichen Handelns anzuerkennen. Bildung, Wissen, Vernunft, Verstand, Erkenntnis standen für sie über dem Glauben. Die Geburtsstunde der Aufklärung schlug, Licht gelangte ins Dunkel von Glaube und Aberglaube. Da blinder Glaubenseifer zu einem der blutigsten Kriege geführt hatte, wurde das christlich geprägte mittelalterliche Weltbild endgültig in Frage gestellt, und damit zugleich die Macht des Adels. War die Herrschaft der Könige gottgegeben oder von Menschen geschaffen? Wurde ihr Gottesgnadentum von Gott geschützt oder durch die Schwerter der Fürsten? Den Glauben angreifen hieß, die Adelsherrschaft zu erschüttern. »Als Adam grub und Eva spann, wo war da der Edelmann?«

Die Vernunft weichte den sturen Glauben auf. Nicht mehr er allein zählte, sondern was der Verstand als richtig anerkennt, und damit der Mensch die Wahrheit erkennen kann, muss er mit Wissen und Bildung aufgeklärt werden. Nur so lässt er sich nicht mehr bevormunden und vermag selbst zu beurteilen, was gut, was böse ist. Eine bessere Gesellschaft sollte entstehen, in der alle frei, wohl versorgt und gerecht leben, nicht bloß der Adel. Die Vernunft begann auch in Deutschland den Glauben zu ersetzen, denn Frankreich gab nicht nur in Mode und Schlossbauten den Ton an. Das Französische löste das Lateinische als Sprache der Gebildeten ab, und mit der neuen Sprache kam das neue Denken. »Habe Mut, dich deines eigenen Verstandes zu bedienen!, ist also der Wahlspruch der Aufklärung«, schrieb der deutsche Philosoph Immanuel Kant. Doch wie die Menschen aufklären? Die allerwenigsten konnten lesen und schreiben. Eine Möglichkeit: das Theater, wo jedem mit gespielten Geschichten leicht vor Augen geführt werden konnte, was Gut und Böse bedeutet. Das Theater machte daher in Deutschland schon bald Politik mit seinen Mitteln, und die Beseitigung der Alleinherrschaft des Adels fand in drei Schritten zuerst auf der Bühne statt. Und damit wieder zum Schreiben.

Der erste Schritt: Johann Christoph Gottsched und

das französische Theater. Wandernde Schauspieltruppen spielten gediegen an fürstlichen Höfen und reißerisch auf Marktplätzen oder in Sälen, die sie mieteten. Die Schauspiele zeigten meist Mord und Totschlag, und mitten hinein wurden Belustigungen gegeben: Seiltänzer, Taschenspieler, Zauberer, Tierbändiger traten auf, und die beliebte Figur des Harlekin hielt die Zuschauer derb und schlüpfrig bei Laune. Gegen dieses so genannte Pöbeltheater trat Gottsched hauptsächlich an. Er hatte genug von den, wie er schrieb, schwülstigen, mit Kaspereien durchsetzten Stücken, den unnatürlichen Romanstreichen und Liebesverwirrungen, den Fratzen und Zoten. Um die hehren Ziele der Aufklärung auch in Deutschland zu erreichen, forderte Gottsched in Leipzig, dass auf allen Bühnen nur beispielhafte Leben dargestellt werden, die den Menschen belehren, wie er sich zu verhalten hat. Gottsched wollte die Zuschauer zum Guten erziehen, und um die Gedanken der Aufklärung angenehm, einfach und verständlich unter die Leute zu bringen, beharrte er auf dem althergebrachten Bühnengesetz der Einheit von Ort, Zeit und Handlung, das niemanden überforderte. Ein Stück musste an einem einzigen Ort, an höchstens einem Tag und ohne Nebenhandlung spielen. Die Handlung selbst musste eine wahrscheinliche Begebenheit zeigen, damit sie für den Verstand nachvollziehbar ist. Gottsched glaubte, das französische Theater habe all das erfolgreich vorgemacht. Dessen Stücke müssten nur nachgeahmt werden, dann würde sich die Aufklärung auch in Deutschland verbreiten. Gottsched hatte Glück, denn für seine Auffassung, dass Theater erfreuen und zugleich nützlich sein solle, fand er in der Theaterunternehmerin Friederike Caroline Neuber eine Mitstreiterin. Sie verbannte als Erste die Figur des Hanswurst von ihrer Leipziger Bühne und öffnete ihr Haus für das französische Schauspiel, das Pierre Corneille im Trauerspiel und Jean-Baptiste Poquelin, genannt Molière, im Lustspiel zur Blüte gebracht hatten.

Insbesondere das französische Trauerspiel unterlag neben der Einheit von Ort, Zeit, Handlung weiteren Regeln. Die Anzahl der Akte war auf fünf festgelegt, die Helden der Stücke waren wohlgeboren, die Sprache salbungsvoll, feierlich, gereimt, die Handlung entstammte meist der römischen Geschichte oder dem römischen und griechischen Götterhimmel. Die Kostüme waren prächtig, die Bewegungen der Schauspieler geziert, und die Helden, die sie darstellten, opferten sich uneigennützig für König und Vaterland, weil ihr Verstand ganz im Sinne der frühen Aufklärung höchst vernünftig über alle niederen Leidenschaften siegte, zu denen auch die Liebe zählte. Das war vorbildlich heldenhaft, aber auf die Dauer eher fad. Da Gottsched dieses königstreue Adelsgehabe mitsamt den dazugehörigen starren Regeln auf die deutsche Bühne übertrug, regte sich im bürgerlichen Lager bald Widerstand gegen sein Belehrungstheater. Einer der schärfsten Widersacher wurde Gotthold

Ephraim Lessing, der nicht glaubte, der Verstand allein werde den Menschen verändern. Er setzte auf Gefühle, denn Gefühle hielt er für stärker als die Vernunft.

Der zweite Schritt: Gotthold Ephraim Lessing und das englische Theater. 1730 hatte Gottsched seine Regeln in *Versuch einer Critischen Dichtkunst vor die Deutschen* aufgeschrieben, im Jahr zuvor war Lessing geboren worden. Er kam mit siebzehn nach Leipzig, um Religion zu studieren. Lessing hörte von Mathematik bis Chemie, von Medizin bis Sprachen alles, nur die Theologie langweilte ihn. Tanzen und Fechten schlugen ihn in ihren Bann, vor allem aber das Theater, für das er seine letzten Groschen ausgab. Er trieb sich zwischen den Kulissen herum, und als sein Vater, Pfarrer mit wenig Geld, davon hörte, war der entsetzt. Er befahl ihn nach Hause. Die Mutter sei todkrank, ließ er ausrichten, sie wolle ihn noch einmal sehen. Doch als Lessing im eiskalten Winter in der Kutsche zu ihnen reiste und halb erfroren ankam, war die Mutter reichlich gesund, und weil die Eltern ein schlechtes Gewissen hatten, erlaubten sie ihm, die Religionswissenschaften aufzugeben. Er durfte stattdessen Medizin studieren, aber kaum zurück in Leipzig, hatte ihn das Theater wieder, vor allem weil dort ein erster Erfolg auf ihn wartete. Die Truppe der Neuberin führte eine Komödie Lessings auf. Als sie und ihre Schauspieler jedoch in Geldschwierigkeiten gerieten und deshalb nach Wien flohen, ließen sie Lessing mit ihren Schulden sitzen, für die er leichtsinnig gebürgt hatte. Lessing überlegte erst, ob er ihnen wegen einer blutjungen Bühnenschönheit hinterher sollte, dann aber stahl er sich vor den Gläubigern nach Berlin davon. Berlin wurde die Bühne seines Aufstiegs.

Abgerissen und abgebrannt traf er ein, doch er wollte versuchen, nur noch vom Schreiben zu leben, und was er schrieb, ließ aufhorchen. Eine der von Frankreich vorgegebenen Regeln Gottscheds besagte, dass die Ständeklausel einzuhalten sei, die festlegte, dass in der hohen Kunst des Theaters – dem Drama, dem Trauerspiel – nur Fürsten oder Adlige dargestellt werden, in der niederen – der Komödie, dem Lustspiel – hingegen nur Bürgerliche oder Bauern. Lessing brach die Regel mit seinem Trauerspiel *Miß Sara Sampson*: Saras Vater, William Sampson, gestattet Mellefont, bei dem er Schulden hat, Zutritt zu seinem Haus. Mellefont ist der eigenen Zügellosigkeit und seiner Geliebten Marwood überdrüssig. Mit Sara Sampson hofft er auf ein neues Leben. Er verführt und entführt sie, um sie zu heiraten. Die Marwood will ihn zurückgewinnen, doch als ihr dies misslingt, vergiftet sie Sara. Daraufhin ersticht sich Mellefont. Damit war *Miß Sara Sampson* ein Trauerspiel, aber eines, das sich nicht an einem Hof vollzog. Anders, als Gottsched gefordert hatte, stellte Lessing im Trauerspiel die bürgerliche Welt der Welt des Adels gleich. Der Handschuh war geworfen.

Miß Sara Sampson, das erste bürgerliche Trauerspiel, machte Lessing bekannt, nur: Schreiben allein brachte zu wenig ein. Lessing brauchte Geld. Er verabredete daher mit einem reichen Kaufmann, ihn als gelehrter Unterhalter auf eine Bildungsreise von drei Jahren zu begleiten. Die Reise endete freilich schon in Amsterdam, denn 1756 war der Siebenjährige Krieg zwischen Preußen und Österreich um das reiche Schlesien ausgebrochen, und der Kaufmann war aus Sorge um sein Geschäft nach Hause zurückgeeilt. Sieben Jahre dauerte der Krieg, sieben Jahre klagte Lessing vor Gericht um das vereinbarte Reisegeld, von dem er am Ende die Hälfte erstritt.

Kriegszeiten sind Notzeiten, und weil Lessing sich durchschlagen musste, wurde er Schreiber eines Generals. Die eintönigen Feldlager aber ließen ihm die Freiheit zu schreiben – und zu spielen. Das Glücksspiel war die zweite Leidenschaft seines Lebens. Er spielte und gewann, spielte und verlor, bis er schwitzte. Immerhin strich er oft so viel ein, dass er sich seltene und teure Bücher leisten konnte. Nachdem er fünf Jahre gedient hatte, verließ er die Armee und ging nach Berlin zurück, doch er hatte die Zeit nicht nur für Lotterie und Karten genutzt, denn im Gepäck hatte er ein weiteres Stück, *Minna von Barnhelm oder Das Soldatenglück*. Das Lustspiel wurde jedoch nicht in Berlin, sondern in Hamburg aufgeführt, wo der Versuch unternommen wurde, das erste deutsche Nationaltheater zu gründen.

Seit dem Mittelalter war Deutschland in eine Unzahl von eigensüchtigen Herrschaftsgebieten mit je eigenen Gesetzen, eigenem Geld, eigenen Mundarten zersplittert. Deutschland galt damit als rückständig gegenüber Ländern wie England oder Frankreich, die ein einziges großes Gebiet unter einem Regenten waren. Den Aufklärern war das ein Dorn im Auge. Sie wollten die deutsche Kleinstaaterei beseitigen, und wenn schon keine einheitliche politische, so doch eine geistige Nation schaffen. Die Gründung eines Nationaltheaters sollte ein erster Schritt dorthin sein. Deutschland sollte wenigstens auf der Bühne das Gefühl gegeben werden, eine geschlossene und unabhängige Nation zu sein, um so den erstrebten Zusammenschluss der deutschen Länder vorwegzunehmen und zu fördern. Zu diesem Zweck wollte das Hamburger Theater zuerst mit eigenständigen deutschen Stücken die Vorherrschaft des französischen Theaters auf der Bühne brechen. Dafür brauchte man Lessing, denn der Vorschlag, sich endgültig vom adelsfreundlichen französischen Theater zu befreien und bürgerliches Theater zu machen, stammte zu einem Gutteil von ihm.

»›Niemand‹«, so Lessing in *Briefe, die neueste Literatur betreffend*, »›wird leugnen, daß die deutsche Schaubühne einen großen Teil ihrer ersten Verbesserung dem Herrn Professor Gottsched zu danken habe.‹ Ich bin dieser Niemand; ich leugne es geradezu. Es wäre zu wünschen, daß sich Herr Gottsched niemals mit dem Theater vermengt hätte.« Im Gegensatz zu Gottsched hielt Lessing nicht mehr das französische Theater für richtungsweisend. Er zog das lebenspralle Theater des Engländers William Shakespeare vor, dessen Stücke an mehr als einem Ort, an mehr als einem Tag und mit mehr als einem geraden Handlungsstrang spielten. Lessing reiste also nach Hamburg, um Gottscheds rückwärtsgewandtes Theater weiter zu bekämpfen – und weil er froh war, endlich wieder ordentlich zu verdienen. Die teuren Bücher waren längst versilbert, knapp bei Kasse war er immer. Als er später heiratete, reichte sein Geld nicht einmal für einen neuen Hochzeitsanzug. Mit *Minna von Barnhelm* aber brachte Lessing zu Ende, was er mit *Miß Sara Sampson* begonnen hatte: die endgültige Aufhebung der Ständeklausel.

Minna von Barnhelm sucht und findet ihren Verlobten, Major Tellheim, der nicht aus dem Siebenjährigen Krieg zurückgekommen ist, zufällig in einem Berliner Gasthaus. Der zum Krüppel geschossene Tellheim hat sich verkrochen, weil er unschuldig der Bestechung angeklagt und unehrenhaft vom König entlassen worden ist. Tellheim will die Verlobung lösen, um Minna nicht ins Unglück zu stürzen. Minna greift zur List: Sie sei enterbt, weil sie zu ihm halte. Der redliche Tellheim borgt sich Geld, löst den Verlobungsring aus, den sie verpfändet hat, will Minna beistehen und heiraten. Weil Minna ihren Tellheim kennt, weigert sie sich nun ihrerseits, ihn zu heiraten, um ihn desto sicherer zurückzugewinnen, denn je mehr sie sich weigert, desto mehr müht sich Tellheim. Eine Untersuchung seines Falls erweist seine Unschuld, der König gewährt ihm Gnade. Minna hat ihren Tellheim wieder.

Minna von Barnhelm ist ein Lustspiel und zugleich mehr als das. Tellheim, Minna, Diener und Dienerin sind keine hölzernen Komödienfiguren, sie führen kein vorbildliches Leben, sie sind Menschen aus Fleisch und Blut, mit Sorgen, mit guten und schlechten Eigenheiten. Neu war außerdem, dass der erste Stand, der Adelsstand, seine eigene Sprache spricht, und ebenso der dritte Stand, Bürger und einfache Leute. Der zweite Stand, die Geistlichkeit, kommt gar nicht erst vor, denn er spielte für die Aufklärer kaum noch eine Rolle. Das eigentlich vertrackte an *Minna von Barnhelm* aber war, dass Tellheim nicht Recht bekommt, sondern dass ihm Gnade erwiesen wird. Der König entscheidet nach Lust und Laune, und der König war Friedrich der Große. Preußens König war französisch erzogen worden. Deutsch sprach und schrieb er nur schlecht. Bücher, Gelehrte oder Musik – Friedrich der Große zog in fast allem Frankreich vor. Er, der einst sagte, er wolle sich lieber von seinem Pferd etwas vorwiehern lassen, als einer deutschen Sängerin zuhören, nahm den frankreichfreundlichen Gottsched noch einigermaßen hin, Lessing dagegen nannte er nur »le singe«, den Affen. *Minna von Barnhelm* änderte das nicht gerade. Zu deutlich war die Anklage gegen sein willkürliches, fürstliches Handeln, und Lessing verschärfte die Anklage weiter. Er schrieb *Emilia Galotti*.

Hamburg war ein Fehlschlag. Bereits nach zwei Spielzeiten war Schluss. Noch beherrschte Frankreich die Szene, und über den Weg zum eigenen deutschen Schauspiel wurde gestritten. Das Publikum seinerseits wollte lieber Gewohntes sehen, und so scheiterte der Traum vom ersten deutschen Nationaltheater. Lessing war einmal mehr pleite, und als ihn das Angebot des Braunschweiger Herzogs erreichte, in dessen Dienst zu treten, kam das Lessing gerade recht. Das vereinbarte Gehalt aber ließ auf sich warten, und *Emilia Galotti* entstand daher auch, weil Lessings Verleger ihm einen ordentlichen Vorschuss versprochen hatte. Mit *Emilia Galotti* jedoch, samt mörderischem Prinzen, Betrug und Verführung, stand die adlige Verderbtheit krass vor aller Augen. Lessings Botschaft war einfach: Emilia Galotti hält der Fürstenverdorbenheit ihre Tugend entgegen, und eher stirbt sie, als sie aufzugeben. Der Tugendhafte ist der bessere Mensch, und weil Emilia Galotti bürgerlich ist, ist der Bürger der bessere Mensch. Nur wer nach bürgerlichen Werten wie Bescheidenheit, Sparsamkeit, Fleiß, Sittsamkeit, Gelehrsamkeit und Tugend strebt, steht auf der Seite der Guten. Doch wie den Menschen dazu erziehen? Lessings Antwort war eine andere als Gottscheds: nicht durch den Verstand allein, vielmehr durch Gefühle, besonders durch Furcht und Mitleid. Mitleid mit den Handelnden und Furcht davor, ein ähnliches Schicksal zu erleiden, würden die Gemüter so rühren, dass sie von schlechten Eigenschaften gereinigt werden. »Der mitleidigste Mensch ist der beste Mensch, zu allen gesellschaftlichen Tugenden, zu allen Arten der Großmut aufgelegteste. Wer uns also mitleidig macht, macht uns besser und tugendhafter.« Wahres Mitleid erfährt aber nur der, den man kennt. Auch deshalb waren Lessings Helden Bürger, nicht Fürsten.

Lessings Botschaft wurde vom Braunschweiger Herzog verstanden: Sein Gehalt stockte weiter. Nicht sein einziges Unglück, denn die Schicksalsschläge hämmerten nur so auf ihn ein: Sein Sohn starb kurz nach der Geburt, seine Frau überstand das Kindbett nicht. Lessing zog sich in seine Trauer zurück, doch das schützte ihn nicht vor der üblen Nachrede, er habe ein Verhältnis mit seiner Stieftochter, die ihm den Haushalt führte. Lessing wurde krank, aber er war keiner, der sich völlig unterkriegen ließ. Wahrheitssucher, Wahrheitskenner, Wahrheitsverfechter wurde er genannt, und hatte Lessing Wahrheiten gefunden, wich er nicht zurück. Er schrieb sie auf, mit Witz und scharf geschliffenen Sätzen, und so betrat er nochmals das Schlachtfeld Aufklärung. Lessing war streitbar wie eh und je, und diesmal stritt er nicht wie bisher mit dem Adel, sondern mit der Kirche. Er geriet mit dem Hamburger Pastor Johann Melchior Goeze aneinander.

Alles begann, als Lessing die Schrift eines verstorbenen Freundes herausgab, der die Auferstehung Christi und das Eingreifen Gottes in die Geschichte leugnete. Das rief den glaubensstrengen Pastor Goeze auf den Plan, von dem es hieß, er zerre seine Schäflein an den Haaren in den Himmel. Zwischen Lessing und Goeze tobte offener Streit. Brief folgte Brief, Streitschrift auf Streitschrift, bis der Braunschweiger Herzog Lessing verbot, Goeze weiter niederzuringen. Noch ein Tiefschlag für Lessing, doch der gab noch immer nicht auf, sondern wechselte in dem Religionsgefecht die Waffen und holte zu seinem bedeutendsten Hieb aus: der Geschichte des Rings in seinem Stück *Nathan der Weise*.

Jerusalem zur Zeit der Kreuzzüge. Die Heilige Stadt wurde von den Moslems zurückerobert, das christliche Heer geschlagen. Der Jude Nathan, der während einer Judenverfolgung seine Frau und seine sieben Söhne verloren hatte, nahm vor vielen Jahren ein christliches Waisenkind auf, das er als seine Tochter Recha erzog. Als Nathan von einer Reise zurückkehrt, erfährt er, dass Recha beim Brand seines Hauses von einem gefangenen christlichen Ritter gerettet wurde, der von Sultan Saladin begnadigt worden war, weil er ihn an seinen verstorbenen Bruder Assad erinnerte. Der Ritter verliebt sich in Recha, er will sie heiraten. Doch Nathan hat einen Verdacht, der sich bald bestätigt. Recha ist die Schwester des Ritters, beide aber sind Kinder des verschollenen Bruders des Sultans.

Die letzte Szenenanweisung lautet: »Unter stummer Wiederholung allerseitiger Umarmungen fällt der Vorhang.« Ende gut, alles gut, und *Nathan der Weise* könnte ein nettes Rührstück sein, wäre da nicht die Geschichte des Rings, mit der Nathan dem Sultan Saladin auf die Frage antwortet, welche der drei Religionen – Islam, Christentum oder Judentum – der wahre Glaube sei. Ein Reicher habe einen Ring besessen und befohlen, so Nathan, dass auf immer nur derjenige Sohn ihn erbt, der sich als der Würdigste erweist. Der Ring wurde von Geschlecht zu Geschlecht weitergegeben, bis ein Vater drei Söhne hatte, die alle drei gleichermaßen tugendvoll waren. Jeder der drei wollte den Ring für sich. Der Vater ließ daher zwei weitere Ringe anfertigen und gab auf dem Sterbebett jedem der Söhne einen der Ringe, die nicht zu unterscheiden waren. Nach dem Tod des Vaters behauptete jeder Sohn, er besitze den wahren Ring. Und so blieb offen, wer der rechtmäßige Erbe ist. Gleiches gilt für den Glauben. Jeder mag seinen Glauben für den wahren halten, aber den Wert des Glaubens macht allein die Toleranz, das Fühlen, Denken und Handeln der Gläubigen aus.

Bei keinem Fanatiker, keinem Selbstmordattentäter, keinem Hassprediger gleich welcher Religion oder politischer Gesinnung dürfte bislang eine Ausgabe von Lessings *Nathan* gefunden worden sein. Das Eintreten für Menschlichkeit und gegenseitige Achtung im Schauspiel um den Juden Nathan, den christlichen Tempelherren und Saladin, dem Moslem, sah Lessing nicht mehr. *Nathan der Weise* wurde sein Vermächtnis. Erst 1783 wurde er aufgeführt, zwei Jahre nach Lessings Tod. Doch nicht dieses Stück, sondern *Emilia Galotti* lag im Sterbezimmer eines anderen Toten, des jungen Werther in *Die Leiden des jungen Werthers*. Der dritte Schritt: Johann Wolfgang Goethe und die Aufhebung aller Regeln.

**Mußt all' die garstigen Wörter lindern:
Aus Scheißkerl Schurk, aus Arsch
mach Hintern**

Johann Wolfgang Goethe

Mit blauem Rock und gelber Weste hatte er sich an seinen Schreibtisch gesetzt, die Pistole übers rechte Auge gehalten und abgedrückt: der junge Werther. Er erschoss sich aus unglücklicher Liebe, doch nicht nur.

Aufgeschlossen und hingabefreudig stößt Werther überall an Grenzen. Bestens ausgebildet für ein Amt, vermag er sich als Bürger nicht zu entfalten. Der höfische Adel weist ihn brüsk zurück, doch auch die guten Bürger schütteln nur den Kopf über ihn. Werther, empfindsam bis zur Empfindlichkeit, ist ihnen zu schwärmerisch. Werther begegnet der Kehrseite der bürgerlichen Tugenden: Wer nicht sparsam, strebsam, bescheiden ist, wird scheel angesehen. Wer anders ist, bekommt das zu spüren. Der träumerische Werther wird beherrscht vom Gefühl des Eingesperrtseins. Schwankend zwischen hochjauchzend und zu Tode betrübt, zieht er sich in sich zurück. Er verliert sich enttäuscht in Lebensekel, von dem er bei Charlotte Erlösung sucht. Doch Lotte ist unerreichbar. Sie ist verlobt, er lädt die Pistole.

Als *Die Leiden des jungen Werthers* 1774 erschien, traf Johann Wolfgang Goethe den Nerv der Zeit. Das Gefühl, auf das Lessing gesetzt hatte, brach sich Bahn. Abgestoßen von spießiger Bürgerlichkeit, strikt abgegrenzt vom Adel, fanden viele wie Werther keinen Platz in der Welt, gerade die Jungen. Als Zeichen des Aufbegehrens wurden daher blauer Rock und gelbe Weste getragen. Eine Selbstmordwelle schwappte über das Land, das Buch wurde von einigen Fürsten als schädlich verboten. Selbst noch zweihundert Jahre später wurde die Geschichte um Werther und Lotte für gefährlich gehalten, als Ulrich Plenzdorf das Lebensgefühl der Jugendlichen in der Deutschen Demokratischen Republik, DDR, mit *Die neuen Leiden des jungen W.* auf den Punkt brachte.

Dazu wenigstens ein Absatz: W., Edgar Wibeau, passt nicht in das Wunschbild der Herrschenden vom glatt geleckten Jugendlichen. Er pfeift auf Sozialismus, Junge Pioniere und Jugendweihe. Er hört Beat, der als Krawallmusik verpönt ist, liebt Jeans, die in der Mangelwirtschaft Ostdeutschlands schwer zu kriegen sind, und trägt sie, wie Werther seinen Anzug, schon aus Protest. Spießer und kleinbürgerliche Besserwisser gehen ihm auf die Nerven, er schmeißt seine Lehre hin, fährt nach Berlin, zieht in eine Gartenlaube. Dort liegt Goethes *Werther*, den er liest, weil ihm langweilig ist.

> Nach zwei Seiten schoß ich den Vogel in die Ecke. Leute, das konnte wirklich kein Schwein lesen. Beim besten Willen nicht. Fünf Minuten später hatte ich den Vogel wieder in der Hand. Entweder ich wollte bis früh lesen oder nicht. Das war meine Art. Drei Stunden später hatte ich es hinter mir. Ich war fast gar nicht sauer! Der Kerl in dem Buch, dieser Werther, wie er hieß, macht am Schluß Selbstmord. Gibt einfach den Löffel ab. Schießt

sich ein Loch in seine olle Birne, weil er die Frau nicht kriegen kann, die er haben will, und tut sich ungeheuer leid dabei.

Wibeaus Urteil: völlig verblödet. Dann aber lernt er eine Kindergärtnerin kennen, die er Charlie statt Charlotte nennt. Auch sie ist mit einem strebsamen Bürger verlobt, den sie für ihn nicht verlässt. Edgar Wibeau: »Ich hatte nie im Leben gedacht, daß ich diesen Werther mal so begreifen würde.« Wibeau stirbt an einem Stromschlag, beim Versuch, eine Farbspritzpistole zu bauen. Goethe hatte seinen *Werther* 1772 begonnen. 1972 erschien Plenzdorfs *W.* in Ostdeutschland und kam bald darauf bearbeitet auf die Bühne. Füßetrampeln, Johlen, rauschender Beifall. Wie bereits zu Goethes Zeiten fanden sich Schüler, Jugendliche und junge Erwachsene diesmal in Edgar Wibeaus Aufmucken gegen den Staat wieder. Die ostdeutsche Staatsanwaltschaft schimpfte über verwahrloste Jugendliche und den unerhörten Umgang mit dem klassischen Erbe. Das Buch stand vor dem Verbot, doch der Erfolg war zu groß, auch in Westdeutschland. Über die innerdeutsche Mauer hinweg waren sich die Jugendlichen einig im Widerstand gegen Bevormundungen durch die Gesellschaft.

Zurück zu Goethe. Mit seinem *Werther* wurde er über Nacht noch berühmter, als er schon war, und was Werther in den Briefen festhielt, die zusammen den Briefroman ergeben, hatte Johann Wolfgang Goethe selbst erlebt. Seine Lotte hieß Charlotte Buff. Gerade von einer Pfarrerstochter getrennt, stieg Goethe ihr nach, obwohl sie verlobt war, bis ihr künftiger Ehemann, Johann Christian Kestner, einschritt. Goethe räumte das Feld. Aus Charlotte Buff wurde Werthers Lotte, die sich in einem aber unterschied: Goethe beschrieb sie nicht mit den blauen Augen, die sie hatte, sondern mit den schwarzen Augen der Maximiliane von La Roche, die Charlotte Buff bei ihm abgelöst hatte. Doch auch Maximiliane von La Roche war versprochen. Ihr Verlobter, Peter Anton Brentano, warf Goethe kurzerhand aus dem Haus, als dieser zu aufdringlich wurde. Weil Leben und Schreiben oft nahe beieinander liegen, hatte Goethe die Geschichte des jungen Werther zusammen, als er vom Freitod eines Bekannten hörte, der sich aus unerfüllbarer Liebe zu einer Verheirateten erschossen hatte. Die Pistole dazu hatte ihm ausgerechnet Johann Christian Kestner geliehen. In nur vier Wochen schrieb sich Goethe den Roman von der Seele, und nachdem auch seine nächste Liebe scheiterte, hatte er genug von den Liebesstürmen und steuerte einen sicheren Hafen an. Am 7. November 1775 besuchte Johann Wolfgang Goethe Weimar, dessen Herzog ihn nicht so sehr wegen des *Werthers* zu sich gebeten hatte, sondern weil Goethe zuvor ein Theaterstück geschrieben hatte, das gleichfalls einen Taumel auslöste. Das Stück hieß *Götz von Berlichingen.*

»Zurück zur Natur!«, hatte Jahre zuvor Jean-

Jacques Rousseau gefordert, der damit freilich kein Leben in den Wäldern meinte. Die Entwicklung des Verstandes habe dem Menschen seine Natürlichkeit genommen, ihn selbstsüchtig, eigensinnig, böse gemacht, so der Franzose. Zum Guten werde der Mensch nur zurückkehren, wenn er nicht allein auf die Vernunft, sondern ebenso auf seine Gefühle, Eingebungen, Empfindungen horcht, um wieder mit seiner eigentlichen Natur in Einklang zu leben. Rousseau hatte damit den Weg gewiesen, dem die Dichtung folgte: Keine vernünftigen Regeln mehr, kein angelerntes Wissen. Dichtung, die den Menschen zum Guten bringen, die Welt dadurch verändern will, braucht Gefühle. Je leidenschaftlicher diese ausgedrückt werden, desto besser die Dichtung. William Shakespeare hatte es vorgemacht, Lessing war ihm gefolgt, Goethe ging den Weg zu Ende.

Gottscheds Regeln und deren Einschränkungen durch Lessing warf Goethe mit *Götz von Berlichingen* allesamt über Bord. Springen von einem Handlungsort zum nächsten, Szenenabbrüche nach nur wenigen Sätzen, Figuren vom Kaiser bis zum Knecht und mittendrin der Raubritter Götz von Berlichingen mit der eisernen Hand, der mutig für die Freiheit seines Denkens und Handelns eintritt und im Bauernkrieg die Unterdrückten schützt. Götz von Berlichingen ist ein kraftberstender Rebell, ein tüchtiger, redlicher Kerl. Zu redlich für die weltlichen und kirchlichen Betrügereien. Götz von Berlichingen geht unter, nachdem er von einem Höfling verraten wird. Er stirbt im Kerker nicht nur an seinen Wunden, sondern vor allem, weil ihm die Freiheit genommen wurde.

Goethe sprengte damit die bisherigen Grenzen, auch die zwischen Adel und Bürgern, denn Gute und Schlechte finden sich im *Götz von Berlichingen* auf beiden Seiten. Götz trägt ein »von« im Namen. Ganz wie im richtigen Leben galt nicht mehr: Bürger gut, Adel böse. Allen stand offen, wie Götz von Berlichingen nach Freiheit zu streben und ehrenhaft unterzugehen oder buckelnd zu leben. Nachdem *Götz von Berlichingen* erschienen war, löste das Stück einen wahren Begeisterungssturm aus, der Gebildete aller Stände mit sich riss und zugleich die gezierte höfische Sprache fortwehte. Schließlich braucht ein Kraftkerl auch Kraftausdrücke. Der bekannteste stammt aus dem *Götz*: »Er kann mich im Arsch lecken.« Im, nicht am. Überall und ständig wurde von nun an geflucht, ob im Alltag oder an den Höfen, und so auch am Weimarer Hof, dessen Herzog gerade erst achtzehn geworden war, als er Goethe zu sich einlud, weil er vom *Götz* begeistert war.

»In Weimar geht es erschrecklich zu. Der Herzog läuft mit Goethe wie ein wilder Bursche auf den Dörfern herum, er besauft sich und genießet brüderlich einerlei Mädchen mit ihm.« Um den jungen Herzog zu zerstreuen, veranstaltete Goethe Feste, Jagden, lagerte mit ihm im Wald, badete mit ihm in eiskalten Bächen und wurde dafür belohnt. Gegen den Widerstand seiner Adligen hievte der Herzog seinen Goethe in Amt und Würden, und kaum zu einer angesehenen Stellung gekommen, war bei Goethe Schluss mit Fluchen. Jahre später wurde das Götz-Wort durch drei Striche ersetzt. Goethe: »Mußt all' die garstigen Wörter lindern: Aus Scheißkerl Schurk, aus Arsch mach Hintern.« Wer weiter, so wie einst er, polternd gegen Missstände schrieb, den duldete er nicht in seiner Nähe. Jakob Michael Reinhold Lenz, mit dem er befreundet gewesen war, kam 1776 nach Weimar. In seinem Stück *Die Soldaten* hatte er eine »Pflanzschule für Soldatenweiber« angeregt, um die Bürgerstöchter vor den Zudringlichkeiten der Truppe zu schützen. Im Stück *Der Hofmeister* beschrieb er das Schicksal der Hofmeister genannten Hauslehrer, von denen sich einer aus Reue entmannte, weil er eine Majorstochter entjungfert und sie damit in ihr Unglück gestürzt hatte. Das war Goethe wohl zu viel des Guten. Noch im Jahr seiner Ankunft wurde Lenz des Landes verwiesen. Ein anderer Goethe-Freund, Friedrich Maximilian Klinger, verschwand gleich von sich aus. Doch noch in Weimar schrieb Klinger an dem Stück, das diesem Abschnitt der Literatur den Namen gab: *Sturm und Drang*. 1777 kam das Stück auf die Bühne, 1777 begann Friedrich Schiller *Die Räuber*. Die Revolte eines jungen Mannes.

Hasen, Krüppel, lahme Hunde seid ihr alle, wenn ihr das Herz nicht habt, etwas Großes zu wagen!

Friedrich Schiller

Militärische Pflanzschule seiner Durchlaucht Herzog Carl Eugens von Württemberg: Schlafen, Unterricht, Essen, Unterricht, Reiten, Fechten, Tanzen und dazwischen Antreten zum Exerzieren. Ungehorsamen wurden Prügelstrafen verabreicht, sie wurden in den Karzer, eine Zelle, eingesperrt oder bekamen kein Essen. Goethe war reich geboren, Schiller nicht. Sein Vater war Hauptmann im Dienst des Herzogs und wurde von diesem gezwungen, den Sohn auf die Militärakademie zu schicken. Das Land brauchte Soldaten und Beamte, und weil beide dort ausgebildet wurden, war Schiller ungefragt für die trockenen Rechtswissenschaften eingeteilt, die er verachtete. Er war ein schlechter Schüler. Der Drill und die rasch ausgesprochenen Züchtigungen machten ihn krank. Zwölf Rutenhiebe bekam er, weil er sich Geld für Brot geborgt hatte, eine Strafe erhielt er, weil er mit einer Magd Kaffee trank. Besser wurde Schiller erst, nachdem Medizin als neues Fach eingeführt worden war, dem er einfach zugewiesen wurde. Medizin lag ihm eher, Schiller wurde wissbegierig, er lernte und wurde einer der Besten. Doch was er wirklich wollte, war Schreiben, denn Schreiben hieß für ihn Aufbegehren gegen Herzog und Strammstehen, selbst wenn das bedeutete, bei geschmuggelten Kerzen Nächte durchzuackern, in denen Schiller rauchte und schnupfte, um sich wach zu halten.

Er war achtundzwanzig, als er sie noch auf der Akademie begann, einunddreißig, als sie aufgeführt wurden: *Die Räuber*, deren Widmung im gedruckten Buch »In tirannos«, »Gegen die Tyrannen«, lautete. Schiller war inzwischen als Arzt zum verrufenen Stuttgarter Regiment des Generals Augé versetzt worden, dessen verkrüppelte Soldaten betteln mussten, um sich am Leben zu halten. Obwohl er Stuttgart nicht verlassen durfte, entfernte sich Schiller unerlaubt von der Truppe, um die Aufführung der *Räuber* in Mannheim zu sehen. Vorhang auf, das Spiel um zwei ungleiche Brüder beginnt: Franz Moor ist missgestaltet, aber teuflisch schlau. Er hat Verstand. Der ältere, Karl Moor, hat als Erstgeborener alle Rechte. Franz begehrt dagegen auf. Er wird zum Verbrecher. Hinterhältig versucht er, den Tod des Vaters herbeizuführen und den Bruder zu verdrängen, dessen Geliebte er selbst mit Gewalt besitzen will. Anders Karl Moor. Auch er wird zum Verbrecher. Er wird zum Kopf einer Schar Aufständischer und führt seinen Kampf mit Leidenschaft gegen das »schlappe Kastratenjahrhundert«. Er ist von glühendem Verlangen nach Freiheit erfüllt, nach Tat, Kraft, Größe. »Hasen, Krüppel, lahme Hunde seid ihr alle, wenn ihr das Herz nicht habt, etwas Großes zu wagen!« Karl Moor ist einer der edlen Rebellen des Sturm und Drang. Er wird zum Rädelsführer, um die Gesellschaft zum Besseren zu verändern. Doch sein Traum bleibt ein Traum. Seine Schar verkommt zur Räuberbande. Er erkennt seinen Weg, die Welt durch Gräuel zu verschönern und die Gesetze durch Gesetzlosigkeit aufrechtzuerhalten, als Irrweg und stellt sich. Als letzte gute Tat verfügt er, das Kopfgeld, das auf ihn ausgesetzt ist, einem armen Tagelöhner zu geben.

Bei Schillers *Räubern* bot sich den Theaterbesuchern das gleiche Bild wie bei Plenzdorfs *Neuen Leiden des jungen W.* Als der Vorhang fiel, glich das Theater einem Irrenhaus. Aufstand, Freiheit, wahre Leidenschaft, hochherzige Gefühle – hier hatte einer kraftvoll ausgesprochen, was den Menschen auf der Seele lag. Zuschauer sanken sich schluchzend in die Arme, schüttelten die Fäuste, Damen wankten der Ohnmacht nahe zum Ausgang. Nieder mit dem Adel! Vom Abend des 13. Januar 1782 an war Schiller berühmt. Er eilte nach Stuttgart zurück, doch dort hielt er es nicht aus. Er schlich sich nochmals davon, um eine weitere Vorstellung zu sehen. Diesmal fuhr er mit zwei Damen. Gleich zwei, das sprach sich herum. Schiller flog auf. Zwei Wochen Arrest. Noch immer hielt der Fürst den Schriftsteller Christian Friedrich Daniel Schubart auf der nahen Festung Hohenasperg gefangen, und weil Schiller daher wusste, was auch ihm drohte, falls er ein weiteres Stück wie *Die Räuber* schrieb, traf er eine Entscheidung: 22. September 1782, Schiller flieht aus Württemberg.

Von der Truppe auszureißen wurde mit Spießrutenlaufen geahndet. Der Wiedereingefangene wurde durch eine Gasse von Soldaten geschickt, die so lange mit Ruten auf ihn einschlugen, bis er zusammenbrach. Die Prügel endeten oft tödlich. Schiller aber nahm seine Lage wohl nicht so ernst. Er hatte mit einem Freund ausgemacht, sich gemeinsam davonzuschleichen. Als der ihn jedoch abholen wollte, hatte Schiller noch nicht einmal gepackt. Den vereinbarten Fluchttag vertrödelte er damit, ein Gedicht zu schreiben, das sich der Freund zuerst anhören musste. Am Abend dann bequemte sich Schiller zu ihm mit Pistolen im Gepäck. Die eine hatte keinen Feuerstein, die andere ein zerbrochenes Schloss. Und doch: Die Flucht gelang. Sie reisten nach Mannheim, weil dort *Die Räuber* Erfolg gehabt hatten. Schiller bot sein Stück *Die Verschwörung des Fiesco zu Genua* an, das abgelehnt wurde. Das Urteil war vernichtend: »Lauter erbärmliches, schwülstiges, unsinniges Zeug.« Die Flucht ging weiter, sie trennten sich, als das Geld ausging, und Schiller versteckte sich unter falschem Namen auf einem Gut in Bauerbach in Thüringen. »Da sitz ich, spitze Federn und käue Gedanken.« Er schrieb an *Kabale und Liebe*, in dem er unerschrocken den Soldatenhandel seines Herzogs anprangerte, der seine Untertanen für den Krieg gegen Amerika vermietete, das 1776 seine Unabhängigkeit von England erklärt hatte. Ein gutes Geschäft. Wurden die Soldaten verstümmelt, blieben sie in Übersee, für tote Soldaten kassierte er ein zusätzliches Kopfgeld. Unvollständiger Auszug aus *Kabale und Liebe*, 2. Akt, 2. Szene, Lady Milford, Kammerdiener:

Kammerdiener: Seine Durchlaucht der Herzog empfehlen sich Mylady zu Gnaden und schicken Ihnen diese Brillanten.

Lady: Mensch! Was bezahlt dein Herzog für diese Steine?

Kammerdiener: Sie kosten ihn keinen Heller.

Lady: Was? Bist du rasend? Nichts?

Kammerdiener: Gestern sind siebentausend Landeskinder nach Amerika fort – Die zahlen alles!

Lady: Mann, was ist dir? Ich glaube, du weinst?

Kammerdiener: Ich hab auch ein paar Söhne drunter.

Lady: Doch keinen Gezwungenen?

Kammerdiener: O Gott – Nein – lauter Freiwillige. Es traten wohl so etliche vorlaute Bursch' vor die Front heraus und fragten den Obersten, wie teuer der Fürst das Joch Menschen verkaufe? – aber unser gnädigster Landesherr ließ alle Regimenter auf dem Paradeplatz aufmarschieren und die Maulaffen niederschießen. Wir hörten die Büchsen knallen, sahen ihr Gehirn auf das Pflaster spritzen, und die ganze Armee schrie: Juchee Nach Amerika!

In Bauerbach blieb Schiller fast ein halbes Jahr, dann wurde er doch in Mannheim angestellt. Aber seine neuen Stücke zogen nicht wie erwartet. Sätze wie der des Marquis Posa zum König in *Don Carlos* – »Sire, geben Sie Gedankenfreiheit!« – wurden nicht von allen gern gehört. Ein weiteres Jahr, und Schiller war am Ende. Er folgte daher erleichtert einer Einladung nach

Dresden, schrieb »Freude, schöner Götterfunken«, lief im nahen Gohlis im Morgenmantel über die Felder, trank unglücklich verliebt, bis ihm der Magen wehtat, und weil eine verflossene Geliebte in Weimar wohnte, flüchtete er sich zu ihr.

1787: Schiller in Weimar, die Erste. Er hoffte, wie Goethe beim Weimarer Herzog ein Auskommen zu finden. Fehlanzeige. Der Herzog war nicht da, Goethe war auf Reisen in Italien, Schiller war endgültig blank. Selbst einen Mantel, den er sich für den Winter geliehen hatte, musste er zurückgeben. Doch weil er als Räuberdichter von Einladung zu Einladung weitergereicht wurde, blieb er, bis er im Sommer darauf den zurückgekehrten Goethe traf, von dem er sich Hilfe versprach. Goethe: »Schiller war mir verhaßt.« Schiller: »Dieser Mensch, dieser Goethe ist mir einmal im Wege.« Wie schon bei Lenz und Klinger entledigte sich Goethe des leidigen Nebenbuhlers um die Gunst des Weimarer Herzogs. Schiller hatte sich auf die Geschichtsschreibung verlegt, weil seine Stücke nichts mehr einbrachten, und Goethe verschaffte ihm eine Professorenstelle für Geschichte an des Herzogs Universität im nahen Jena. Schiller war weg, Goethe hatte seine Ruhe, sein sicherer Hafen war gerettet. Vorerst zumindest.

Jedoch der schrecklichste der Schrecken, Das ist der Mensch in seinem Wahn

Noch einmal Goethe und Schiller

Am 28. April 1789 wurde Captain William Bligh in einem offenen Boot von den revoltierenden Meuterern der *Bounty* dem Meer übergeben. Er überlebte mit einer seemännischen Meisterleistung. Wochenlang segelte er mit den achtzehn Männern, die mit ihm ausgesetzt worden waren, bis er nach 3600 Seemeilen, gut 5700 Kilometern, die Insel Timor erreichte. Noch während er sich durch die See kämpfte, bereitete sich ziemlich genau unter seinem Boot auf der entgegengesetzten Seite der Welt, im fernen Frankreich, die entscheidende Wende im Kampf um die bürgerliche Freiheit vor: 14. Juli 1789, Sturm auf das Pariser Stadtgefängnis, die Bastille, das verhasste Sinnbild willkürlicher Gewalt im Namen des Königs.

Die Französische Revolution stürzte die Adelsherrschaft, deren Verschwendungssucht den einst reichen Staat ruiniert hatte. Der Adel lebte steuerfrei, um aber die aufwändige königliche Hofhaltung dennoch weiter sorglos zu betreiben, war dem einfachen Volk immer mehr Geld abgepresst worden. In Frankreich ging der Hunger um, und aus Hungeraufständen entwickelte sich die Revolution, die auch in Deutschland hohe Wellen schlug. Die meisten Gelehrten, Musiker, Schriftsteller begrüßten den Umsturz, unter ihnen Schiller, der für *Die Räuber* zum französischen Ehrenbürger ernannt wurde. Nicht alle aber stimmten in die Freudenrufe ein, und einer von ihnen war Goethe. Er sollte Recht behalten, denn schon bald legte der Adel den Kopf unter das Messer der Guillotine, deren erstes Modell ein deutscher Mechaniker namens Schmitt gebaut hatte.

Goethe glaubte von Anfang an nicht daran, dass Freiheit, Gleichheit oder Brüderlichkeit durch Gewalt zu gewinnen seien. In seinem Stück *Iphigenie auf Tauris* versuchte er zu zeigen, dass eine bessere Welt nur durch Aufrichtigkeit, Ehrlichkeit, Rückgrat entsteht. Goethe in seinem Gedicht *Das Göttliche*: Edel sei der Mensch, hilfreich und gut! Die Wirklichkeit sah jedoch anders aus. In Europa herrschte Krieg. Die Armeen Österreichs und Preußens marschierten gegen Frankreich, um zu verhindern, dass die Revolution auf ihre Länder übergriff, und weil Frankreich am Rande der Niederlage stand und sich die verfolgten Adligen mit den Angreifern verbündeten, wurde die Revolution zum Gemetzel. Die Fallbeile für Adlige und Priester standen nicht mehr still. Der französische König Ludwig XVI. wurde enthauptet, und bald darauf Königin Marie Antoinette. Viele der anfangs von Frankreich Begeisterten waren entsetzt, als der Umsturz erst durch die Revolutionsführer Danton und Robespierre zur besinnungslosen Raserei wurde. Unter diesem Eindruck änderte auch Schiller endgültig seine Einstellung. Friedrich Schiller, *Die Glocke*:

Freiheit und Gleichheit! hört man schallen,
Der ruhge Bürger greift zur Wehr,
Die Straßen füllen sich, die Hallen,
Und Würgerbanden ziehn umher,

Da werden Weiber zu Hyänen
Und treiben mit Entsetzen Scherz,
Noch zuckend, mit des Panthers Zähnen,
Zerreißen sie des Feindes Herz.
Nichts Heiliges ist mehr, es lösen
Sich alle Bande frommer Scheu,
Der Gute räumt den Platz dem Bösen,
Und alle Laster walten frei.
Gefährlich ists den Leu zu wecken,
Verderblich ist des Tigers Zahn,
Jedoch der schrecklichste der Schrecken,
Das ist der Mensch in seinem Wahn.

Gewalt erzeugt Gewalt. Doch wie diesen Kreislauf durchbrechen? Seine Antwort gab Schiller in der Schrift *Über die ästhetische Erziehung des Menschen*: »Dieses Werkzeug ist die schöne Kunst.« Den Menschen durch die Kunst bessern: Mit dieser Ansicht kamen sich Schiller und Goethe nun doch näher.

Schiller saß noch immer in Jena, in das Goethe häufig reiste, weil er es in Weimar nicht aushielt. Nach seiner Rückkehr aus Italien hatte sich der mächtige Geheimrat Goethe die arme Seidenblumennäherin Christiane Vulpius zur Geliebten genommen. Weimar lästerte. Hinter Goethes Rücken wurde so lange über dessen »Bettschatz«, seine »Hur«, seine »dickere Hälfte« gespottet, bis er immer öfter vor dem Tratsch nach Jena floh. Dort trafen an einem Sommerabend des Jahres 1794 Goethe und Schiller aufeinander – und verstanden sich. Eine Woche später endete mit der Hinrichtung Maximilien Robespierres die Schreckensherrschaft in Frankreich. Die Franzosen waren in den gegen sie geführten Kriegen siegreich, das Volk hatte genug Blut gesehen. Gerüchten zufolge wurde Robespierre bei seiner Verhaftung der Unterkiefer weggeschossen, damit er sich nicht mehr durch eine seiner flammenden Reden retten konnte, und der Soldat, der ihn verhaftete, sei ausgerechnet Sergeant Merde, Sergeant Scheiße, genannt worden.

Goethe und Schiller. Die Stunde der Weimarer Klassik war gekommen, und Klassik meint für Weimar zweierlei. Erstens: Ein Abschnitt der Dichtung gilt als klassisch, wenn in einem Land innerhalb eines kurzen Zeitraums zeitlose Werke geschaffen werden. Im Fall der Weimarer Klassik umfasst dieser Zeitraum die zehn Jahre zwischen Goethes und Schillers Jenaer Treffen und Schillers Tod. Zweitens: Die Kunst der klassischen Antike und die menschlichen Werte, die im Altertum erstmals Gültigkeit erlangt hatten, wurden als Vorbild betrachtet. Goethes *Iphigenie* spielt nicht zufällig in Griechenland, und auch für Schiller wurde das Wahre, Schöne und Edle zur Richtschnur des Schreibens. Vor allem in seinen Balladen gab Schiller insgeheim Handlungsanweisungen, wie auch in aussichtslosen Lagen menschliches Handeln zu bewahren sei. Balladen, ursprünglich Tanzlieder für einen Ball, wurden bei Schiller zu Lehrgedichten. Seine bekannteste Ballade ist *Die Bürgschaft*, in der Damon mit dem Dolch im Gewande zu Dionys dem Tyrannen schleicht. Entscheidender aber waren Schillers Stücke, die Goethe im Weimarer Theater aufführte, und deshalb forderte Goethe Schiller auf, Jena zu verlassen.

1799: Schiller in Weimar, die Zweite. Seine drei Stücke um den glänzendsten General des Dreißigjährigen Krieges, Wallenstein, und das Stück um Maria Stuart, die katholische schottische Königin, die als Rivalin im Kampf um den britischen Thron auf Befehl der englischen Königin Elisabeth hingerichtet wird, waren ungewöhnliche Erfolge, und im *Wilhelm Tell* zeigte Schiller, wie ein Freiheitskampf zu führen ist, ohne in sinnlose Grausamkeit auszuarten.

Schauplatz ist die Schweiz. Das Spiel beginnt beschaulich. Ein Fischerknabe singt im Kahn, Kuhglocken, satte Wiesen, grüne Hänge. Ein reiches, aber unterdrücktes Land. Die habsburgischen Landvögte unterjochen das Volk, bis sich die Kantone Schwyz, Uri und Unterwalden zusammenschließen. Sie berufen sich auf ihr Recht zum Widerstand, beschwören auf dem Rütli ihre Einheit. Die Waffen sollen sprechen. Wilhelm Tell ist dagegen. Er glaubt, alles werde sich von selbst einrenken, sofern sie nur geduldig ausharren. »Ein jeder lebe still bei sich daheim«, sagt Tell. »Dem Friedlichen gewährt man gern den Frieden.« Er täuscht sich und bekommt die Unterdrückung hautnah zu spüren, als er sich weigert, die Geste untertänigen Gehorsams auszuführen, die sich der Landvogt

Geßler ausgedacht hatte. Seine Untertanen sollten sich vor seinem Hut verbeugen, der auf einer Stange steckt. Daraufhin stellt Geßler Tell höhnisch vor die Wahl, entweder er stirbt, oder er schießt mit der Armbrust einen Apfel vom Kopf seines Sohnes. Tell trifft den Apfel, aber, so Tell zu Geßler, sein zweiter Pfeil hätte dem Landvogt gegolten, falls er seinen Sohn getötet hätte. Tell wird verhaftet, doch er kann fliehen. Er lauert Geßler auf und ermordet den Tyrannen. Geßlers Tod löst den Aufstand aus, der rasch und ohne Blutvergießen gelingt. Am Ende verzichtet der Adel auf seine Vorrechte. Schlusssatz: »Und frei erklär ich alle meine Knechte.«

Ganz so einfach ist das Leben nicht, und das wusste auch Friedrich Schiller, doch zugleich wusste er, dass Dichtung Einfluss auf die Geschichte zu nehmen vermag. Oder anders: Was einmal geschrieben wurde, kann nicht mehr zurückgenommen werden. Bücher sind gefährlich, sofern sie auf Veränderungen zielen – und sie bleiben es. Auf dem Rütli beschwören in *Wilhelm Tell* die Schweizer ihre Einheit mit: »Wir sind ein Volk.« Beim Fall der innerdeutschen Mauer wurde, angelehnt an Schiller, gerufen: »Wir sind das Volk!« Die schreibenden Alten erweisen sich oft als erstaunlich jung, und nicht umsonst setzen Gewaltherrscher zu allen Zeiten in allen Ländern Bücher auf Verbotslisten, verfolgen Schriftsteller, verbrennen ihre Schriften. Die Warnung, die Hans Magnus Enzensberger lange nach Schiller unter dem Eindruck der Verfolgungen Andersgläubiger und Andersdenkender durch Hitler *Ins Lesebuch für die Oberstufe* schrieb, gilt nach wie vor:

Lies keine Oden, mein Sohn, lies die Fahrpläne:
sie sind genauer. Roll die Seekarten auf,
eh es zu spät ist. Sei wachsam, sing nicht.
Der Tag kommt, wo sie wieder Listen ans Tor
schlagen und malen den Neinsagern auf die Brust
Zinken. Lern unerkannt gehn, lern mehr als ich:
das Viertel wechseln, den Paß, das Gesicht.
Versteh dich auf den kleinen Verrat,
die tägliche schmutzige Rettung. Nützlich
sind die Enzykliken zum Feueranzünden,
die Manifeste: Butter einzuwickeln und Salz
für die Wehrlosen. Wut und Geduld sind nötig,
in die Lungen der Macht zu blasen
den feinen tödlichen Staub, gemahlen
von denen, die viel gelernt haben,
die genau sind, von dir.

Wilhelm Tell war Schillers letztes vollendetes Stück. Er starb 1805 im Alter von fünfundvierzig Jahren. Krank war er seit langem gewesen. Als seine Leiche untersucht wurde, war die Lunge faul, die Leber brandig, das Herz runzlig, die Milz vergrößert, die Nieren aufgelöst. Geschrieben hatte er trotz allem unermüdlich bis zuletzt, weil er an die bessere Welt glaubte. Fast heimlich wurde er beigesetzt, sein Sarg zwischen andere Särge eines Gewölbes gestellt und dem Moder preisgegeben. Kein Grabstein, kein Gedenkstein, keine Tafel. Gut zwanzig Jahre später aber wurde nach seinen Überresten gegraben, und sein vermeintlicher Schädel stand lange auf Goethes Schreibtisch.

Mit Schillers Tod war das Jahrzehnt der Weimarer Klassik zu Ende. Der Bund Goethes und Schillers war schon weit früher zerbrochen. Als Schiller immer erfolgreicher geworden war, ging ihm Goethe aus dem Weg. Das Denkmal, das beiden später in Weimar errichtet wurde, verklärt ihre Freundschaft. Goethe hält den Lorbeerkranz des gefeierten Dichters in der einen Hand, die andere legt er Schiller gönnerhaft auf die Schulter. In Wahrheit hätte sich Goethe dafür strecken müssen, denn Schiller war größer als er. Goethe überlebte Schiller um siebenundzwanzig Jahre. Nach Schillers Tod schrieb er wie befreit, auch an seinem bekanntesten Werk, dem *Faust*. Schiller schuf *Wilhelm Tell* in sechs Wochen, Goethe den *Faust* in sechzig Jahren.

Wer mit Bildung glänzen will, der muss *Faust* kennen, zumindest den ersten Teil. »Das ist des Pudels Kern«, »Da steh ich nun ich armer Tor! Und bin so klug als wie zuvor«, »Das ist der Weisheit letzter Schluß« – unzählige Sätze und Wendungen daraus sind sprichwörtlich geworden. Noch immer gilt manchen der *Faust* als das deutscheste aller Theaterstücke, weil Goethe in ihm das deutsche Wesen, die deutschen

Tugenden, die Zerrissenheit der deutschen Seele beschrieben habe. Aber das ist deutschtümelnder Unsinn. Goethe beschreibt unnachahmlich einen Menschen, der scheitert und im Scheitern Größe erlangt. Nicht mehr und nicht weniger. *Faust* wurde zwar in Deutschland geschrieben, ist aber Weltliteratur, ein Wort übrigens, das Goethe erfand.

Faust will alles wissen, um jeden Preis, doch er verzweifelt daran, bis nur noch Lebensabscheu übrig bleibt. Faust schließt einen Pakt mit dem Teufel, der seine Seele bekommt, sobald er wieder Lebensfreude empfindet. Mephisto willigt ein. Er führt Faust durch die Welt, verschafft ihm jedweden Genuss, doch Faust bleibt alles schal und leer. Auch vom vierzehnjährigen Gretchen, das ihn liebt, wendet er sich ab. Er verschuldet den Tod ihrer Mutter und ihres Bruders und stößt sie ins Unglück. Sie tötet ihr Kind, endet im Kerker. Faust erkennt zu spät, was er getan hat. Seine Fahrt durch Himmel und Hölle geht weiter, bis er ganz am Ende begreift, dass der Sinn des Lebens nicht aus Wissen und Erkenntnis besteht, sondern aus dem Streben, Freiheit und Gerechtigkeit für alle zu schaffen. Ein frommer Wunsch, denn der Kampf um bürgerliche Freiheit und Gerechtigkeit, den der Geheimrat, der Minister, der geadelte von Goethe gar nicht erst geführt hatte, war längst verloren, als Johann Wolfgang von Goethe 1832 starb. Und damit Schluss des Kapitels – und als Nachruf auf Goethe sein *Wanderers Nachtlied*:

Über allen Gipfeln
Ist Ruh,
In allen Wipfeln
Spürest du
Kaum einen Hauch;
Die Vögelein schweigen im Walde.
Warte nur, balde
Ruhest du auch.

Ich habe keinen anderen Wunsch, als bald zu sterben

Friedrich Hölderlin und Heinrich von Kleist

Ein kurzes Kapitel über zwei, die bestimmt ein langes verdient hätten. Der Erste der beiden: Friedrich Hölderlin. Weil er glaubte, entführt zu werden, biss er seinen Wächter, als er in die Kutsche eingesperrt wurde, die ihn nach Tübingen brachte. Aber er wurde nicht entführt, er wurde eingesperrt. Friedrich Hölderlin tobte im Wahnsinn. Doch er hatte Glück im Unglück, denn schon bald durfte er die geschlossene Anstalt wieder verlassen. Hölderlin war nicht bösartig. Er wurde in einen Turm am Neckar gebracht, wo er in einer Kammer von 1807 an sechsunddreißig lange Jahre unter Aufsicht weiterlebte und von einem Schreinermeister geduldig gepflegt wurde. Die mit einem Schlitz zum Atmen versehene Gesichtsmaske, mit der Tobsüchtige damals ruhig gestellt wurden, blieb ihm damit genauso erspart wie das Aderlassen, erzwungenes Speien, heiße oder kalte Bäder, die den Willen brechen sollten, oder gar, in Ketten gelegt zu werden.

Warum wurde Hölderlin verrückt? Krankheit? Vielleicht. Die vergebliche Liebe zu Susette Gontard? Wahrscheinlich. Das Scheitern seiner Träume? Ganz sicher. Hölderlin war dazu vorgesehen, Pfarrer zu werden, doch was er wirklich wollte, war, wie bei seinem großen Vorbild Friedrich Schiller, das Schreiben. Er sah sich als Dichter der Revolution – die nicht nach Deutschland kam. Mit neunzehn jubelte er den Franzosen zu, weil er von ihnen ein goldenes Zeitalter erwartete, in dem die Menschen miteinander im Einklang leben. Mit vierundzwanzig saß er an seinem Roman *Hyperion*, in dem auch er seine hochfliegenden Vorstellungen von einem besseren Leben ins antike Griechenland verlagerte. Mit siebenunddreißig war er zerstört. Hölderlin, der Irre. Seine große Liebe war gestorben, seine Werke hatten nicht den erhofften Erfolg, das goldene Zeitalter war nicht angebrochen. Die Schwermut hatte ihn befallen, dann der Irrsinn, von dem er geahnt hatte, dass er kommen würde. Friedrich Hölderlin, *Hälfte des Lebens*:

> Weh mir, wo nehm' ich, wenn
> Es Winter ist, die Blumen, und wo
> Den Sonnenschein,
> Und Schatten der Erde?
> Die Mauern stehn
> Sprachlos und kalt, im Winde
> Klirren die Fahnen.

Viele, die ähnlich begabt waren wie Hölderlin, wurden enttäuscht, weil sie vergeblich für eine bessere Welt kämpften. Sie verzweifelten, begingen Selbstmord oder wanderten aus. »Ich bin nichts mehr, ich lebe nicht mehr gerne«, schrieb Hölderlin, und nicht nur er fühlte so. »Ich habe keinen anderen Wunsch, als bald zu sterben«, schrieb Heinrich von Kleist. Am 20. November 1811 ging er mit der krebskranken Henriette Vogel an den Berliner Wannsee, schoss erst ihr ins Herz, dann sich in den Kopf. »Die Wahrheit ist, daß mir auf Erden nicht zu helfen war«, stand in seinem Abschiedsbrief.

Kleist stammte aus einer preußischen Offiziersfamilie und musste deshalb – wie Hölderlin – erzwungenermaßen einen Beruf wählen, der ihm nicht lag. Mit fünfzehn wurde er zur Armee geschickt. Das Soldatenleben war ihm ein Gräuel, dem er mit zweiundzwanzig zum Entsetzen seiner Familie entfloh. Er studierte, brach sein Studium ab, reiste gehetzt und getrieben kreuz und quer durch Europa, ohne Ruhe zu finden. Er begann zu schreiben. In knapp fünf Jahren bis zu seinem Freitod kamen Theaterstücke heraus, wie *Das Käthchen von Heilbronn*, die sich traumwandlerisch die Liebe ihres Grafen Wetter vom Strahl erobert, oder *Prinz Friedrich von Homburg*, dem die Hinrichtung droht, weil er während der Schlacht einen Befehl missachtet, obwohl die Schlacht genau dadurch gewonnen wird. Dazu entstanden Erzählungen und Novellen, wie *Das Erdbeben in Chili*, wo Kleist die verbotene Liebe des Mädchens Josephe zu Jeronimo schildert, die ausgerechnet durch ein Erdbeben gerettet werden. Meist drehen sich Kleists Erzählungen um Schuld und Unschuld, Wahrheit und Lüge. Das Neue daran: Anders als noch bei Schiller ist der Sieg des Guten nicht mehr selbstverständlich.

Beispiel: *Der zerbrochene Krug*. Dorfrichter Adam schleicht sich nachts in Eves Kammer. Rupprecht, ihr Bräutigam, vertreibt ihn. Adam entkommt unerkannt, zerbricht aber einen Krug. Eves Mutter Marthe verklagt den Bauernburschen Rupprecht vor dem Dorfrichter, den Krug zu ersetzen. Finten, Ausreden, Erpressung – in seinem Verhör versucht Adam alles, um von sich abzulenken und Rupprecht zu belasten. Doch mehr und mehr verstrickt er sich in seine Lügen. Bäuerisch derb, heiter, komisch kommt die Wahrheit mühselig, aber immerhin doch ans Licht.

Beispiel: *Die Marquise von O...* Während einer Ohnmacht wird sie vergewaltigt. Sie erwacht und hält den Mann für ihren Retter, kann jedoch gleichzeitig den Verdacht nicht loswerden, er sei ihr Schänder. Selbst als er sich zur Tat und als Kindsvater bekennt, will sie das Bild, das sie sich vom ehrenhaft ritterlichen Offizier gemacht hat, nicht zerstören. Nur langsam ringt sie sich zur Wahrheit durch. Der Glaube an das Gute wird durch ihre Verzeihung gerade noch so gerettet.

Beispiel: Die Novelle *Michael Kohlhaas*. Die Neuigkeit, italienisch: novella, die nie da gewesene, unerhörte Begebenheit, ist das Kennzeichen einer jeden Novelle. Bei Kleists *Michael Kohlhaas* ist die unerhörte Begebenheit die Geschichte eines Rechtsbruchs. Dem rechtschaffenen Pferdehändler Kohlhaas werden von einem Junker zwei prächtige Rappen abgenommen. Als er sie zurückhaben will, sind sie völlig abgemagert. Kohlhaas verklagt den Adligen, doch der wird von einflussreichen Verwandten geschützt. Die Klage bleibt erfolglos. Kohlhaas, der im Recht ist, bricht das Recht. Er schart Männer um sich, brennt die Burg des

Junkers nieder, verwüstet das Land. Er wird gefasst und dem Henkersbeil übergeben. Zugleich wird der Junker verurteilt, die Pferde so zurückzugeben, wie er sie genommen hat. Das Recht ist wiederhergestellt, allerdings um einen sehr hohen Preis.

Spätestens mit Kleist gibt es kein verklärendes Geschehen mehr auf der Bühne, keine heile Welt mehr in Erzählungen. Kleists Schreiben ist sachlich, nüchtern, kühl. Der größte Dichter Deutschlands wollte er werden, zugleich aber zweifelte er an seinen Fähigkeiten, sah sich vom Unglück verfolgt, glaubte seinen eigenen Ansprüchen nicht zu genügen. Heinrich von Kleist starb im Alter von vierunddreißig Jahren. Weil er versuchte, die Welt so zu sehen, wie sie ist, zerbrach er an ihr. Wirklich zu verstehen war sie längst nicht mehr. Zu vieles hatte sich zu schnell verändert.

Der Mann im Mond

Wilhelm Hauff

Wo rohe Kräfte sinnlos walten,
Da kann sich kein Gebild gestalten,
Wenn sich die Völker selbst befrein,
Da kann die Wohlfahrt nicht gedeihn.

Friedrich Schiller, *Lied von der Glocke*. Ludwig Tieck fiel vor Lachen beinah vom Stuhl, als er das las. Tieck lachte gern, sein Theaterstück *Der gestiefelte Kater* zeugt davon. Doch bei allem Lachen war er weder bereit, das Wunschbild einer besseren Welt, das die Französische Revolution entworfen hatte, gänzlich aufzugeben, noch wie Hölderlin oder Kleist am Alltag zu verzweifeln. Und er stand nicht allein. Die Jungen und Wilden setzten weiter auf Unruhe und Aufbruch. Zu Goethe und Schiller gingen sie auf Abstand. Sie achteten sie, hielten sie aber insgeheim für speichelleckerische Fürstenknechte und stritten sich mit ihnen, dass die Fetzen flogen. Sie glaubten nicht daran, dass die Welt allein durch das Wahre und Edle zu verbessern sei. Nach ihrer Meinung spielten solche Ansichten den Fürsten zu sehr in die Hände, denn wer im Elfenbeinturm sich nur dem Schönen hingibt, der schwebt zu hoch, um die Not auf den Straßen zu sehen. Die Gedanken der Französischen Revolution aber hatten in Deutschland nichts wirklich verändert. Könige und Adlige unterdrückten weiterhin das Freiheitsstreben, das Bürgertum war ohnmächtig wie zuvor, und weil die Gegenwart unveränderlich erschien, suchten die Künstler das Heil in der Vergangenheit des Mittelalters, in der Einsamkeit der noch ursprünglichen Wälder und in der Welt der Märchen. Ihr Schlagwort: Romantik.

Die Romantik begriff sich als Gegenbewegung zur Aufklärung, die einst selbst dafür eingetreten war, alles zu ändern. Vernünftiges Handeln bessert alles, hatten die Aufklärer geglaubt, sofern allein der Verstand des Menschen beurteilt, was richtig, was falsch ist. Die Hungersnöte aber waren noch immer nicht besiegt, Armut und Krankheit nicht beseitigt, die Kriege nicht aufgehalten, die Fürsten nicht zur Einsicht bewogen worden. Insgeheim lebte deshalb die Sehnsucht nach der Vergangenheit auf, in der angeblich alles besser war. Die Romantik verklärte darum das Mittelalter, gab sich dem katholischen Glauben hin, der von der Aufklärung mit Misstrauen betrachtet worden war, suchte die aus grauen Vorzeiten stammenden Sagen. Die Gebrüder Grimm entdeckten die im Volk weitererzählten Märchen wieder und trugen Märchen und Sagen in den *Kinder- und Hausmärchen* und den *Deutschen Sagen* zusammen. Achim von Arnim und Clemens Brentano sammelten alte Lieder, die sie zusammen mit eigenen in *Des Knaben Wunderhorn* aufschrieben, das mittelalterliche *Nibelungenlied* wurde wiederentdeckt und übersetzt, die bis dahin als veraltet geltenden Rittergeschichten wurden nach dem Vorbild von Walter Scotts *Ivanhoe* wiederbelebt.

Die Romantik hat große Namen hervorgebracht, wie Tieck, Brentano oder Arnim. Die Namen derer aber, die in der zweiten Reihe standen, werden zu häufig vergessen. Als Statthalter für sie: Wilhelm Hauff. Sein damals bekanntester Husarenstreich war die Parodie, die spöttische Nachahmung, *Der Mann im Mond*.

Extrablatt! Extrablatt!, riefen die Zeitungsjungen, nachdem der vierundzwanzigjährige Wilhelm Hauff für einen ordentlichen Skandal gesorgt hatte. *Der Mann im Mond* war erschienen, und Hauff hatte die Geschichte unter falschem Namen herausgebracht. Der Deckname aber wurde schon von einem anderen benutzt: H. Clauren, der eigentlich Carl Heun hieß. Dass Wilhelm Hauff ihn nutzte, war volle Absicht, denn Clauren war überaus erfolgreich – er noch nicht. Clauren machte mit Herz-Schmerz-Schmachtromanen gewaltigen Gewinn, und *Der Mann im Mond* ahmte sie auf das Genaueste nach. Wilhelm Hauff entlarvte den für einmalig gehaltenen Clauren. Wie Clauren zu schreiben fiel ihm leicht. Man nehme, so Hauff, ein fadenscheiniges Heiratsgeschichtchen, einen schmächtigen, etwas bleichen Jüngling, unglücklich, aber steinreich. »Die Heldin des Stücks, ein tanzendes, plauderndes, naives, schönes, lüsternes, mitleidiges ›Dingelchen‹, dem das Herzchen alsbald vor Liebe ›puppert‹.« Dazu ein gewichtiger Vater, ein paar Furien, die das böse Schicksal spielen, ein paar schneidige Husaren und Dragoner, ein gütiger Onkel, der mit Geld alles richtet, Bediente und Wirte, und fertig ist der Clauren-Roman. »Aus denselben Stoffen, sprach ich zu mir, musst du einen Teig kneten, musst ihn würzen mit derselben Würze, nur reichlicher überall, nur noch pikanter; an diesem Backwerk sollen sie mir kauen.«

Hauff hatte das Erscheinen des Buches mit einer Anzeige angekündigt. Clauren war empört. Er reichte eine Beleidigungs- und Betrugsklage ein, weil sein Name benutzt worden war. Clauren bekam Recht. Darauf hatte Wilhelm Hauff nur gewartet. *Der Mann im Mond* wurde dank der Klage ein glänzendes Geschäft, und Hauff schlug mit feinsinnigem Witz zurück. Die Leser verfolgten das Treiben druckfrisch und lachten sich schlapp, als Hauff zeigte, dass hinter Claurens Schreiben nichts, aber auch gar nichts steckte. Hauff nahm den Gegner auseinander. Er hätte aus Carl Heun ebenso Hurenlac oder Harnceul statt H. Clauren machen können, schrieb Wilhelm Hauff, es wäre doch Einerlei wie alles an ihm, denn bei allen hübschen Busen, hüpfenden Schneehügeln, schönen Hüften, weißen Knien, wohlgeformten Waden sei und bleibe die Dame des Stücks doch allzeit das immer gleiche Holz- und Gliederpüppchen.

> Schneidet einmal dieser Puppe ihre kohlrabenschwarzen Ringellöckchen ab, preßt ihr die funkelnden Liebessterne aus dem Kopfe, reißt ihr die Perlenzähne aus, schnallet den Schwanenhals nebst Marmorbusen ab, leget Shawls, Hüte, Federn, Unter- und Oberröckchen, Korsettchen, et cetera in den Kasten, so habt ihr dem lieben, herrlichen

Kinde die Seele genommen, und es bleibt euch nichts als ein hölzernes Kadaver: das Knochengerippe von Freund Heun!

Das saß. Im Land der Bücher herrschen oft raue Sitten. Je mehr sich Clauren fortan wehrte, desto mehr verstrickte er sich. Clauren-Parodien schossen aus dem Boden. Hauff war berühmt. Den Makel aber, sich auf Kosten eines anderen nach oben geschrieben zu haben, wurde er nicht mehr los. Wilhelm Hauff hat Märchen wie *Der kleine Muck*, *Kalif Storch*, *Zwerg Nase* oder *Das kalte Herz* erfunden und wurde dennoch als Abschreiber verspottet. Er spann Geschichten wie *Das Wirtshaus im Spessart* und wurde als billiger Streber angesehen. Er schuf Figuren wie das Glasmännlein oder den Holländer-Michel und wurde Vielschreiber genannt.

Muss *Der Mann im Mond* noch gelesen werden? Nicht wirklich. Zu sehr fehlen ihm die Gegenstücke der untergegangenen und unverdaulichen Clauren-Romane. Doch *Der Mann im Mond* war eben nicht das Einzige, was Wilhelm Hauff schrieb, und darunter sind Perlen, vor allem seine Märchen, denen zu seinen Lebzeiten kaum Beachtung geschenkt wurde. Der Ritter- und Burgenroman *Lichtenstein* dagegen ging in der mittelalterbegeisterten Romantik so gut, dass der Held des Romans, Herzog Ulrich von Württemberg, für bare Münze genommen wurde. Die erfundene Burg Lichtenstein wurde sogar gebaut, ganz so, wie sie Hauff beschrieben hatte. Doch sein Glück währte nicht. Kurz vor *Der Mann im Mond* war 1825 Hauffs erstes eigentliches Werk herausgekommen, *Mitteilungen aus den Memoiren des Satan*. Zwei Jahre und drei Monate später war Hauff tot. Er starb wenige Tage vor seinem fünfundzwanzigsten Geburtstag, am 18. November 1827. In der Woche zuvor war sein erstes Kind geboren worden. Nur zwei Jahre, drei Monate Zeit, um zu schreiben, und doch umfasst sein Werk sechsunddreißig schmale Bände voller Märchen und Gedichte, die bleiben werden. Wilhelm Hauff, eines Soldaten *Morgengesang*:

Morgenrot,
Leuchtest mir zum frühen Tod?
Bald wird die Trompete blasen.
Dann muß ich mein Leben lassen,
Ich und mancher Kamerad!

Kaum gedacht,
War der Lust ein End' gemacht,
Gestern noch auf stolzen Rossen,
Heute durch die Brust geschossen,
Morgen in das kühle Grab!

Ach, wie bald
Schwindet Schönheit und Gestalt!
Tust du stolz mit deinen Wangen,
Die mit Milch und Purpur prangen?
Ach! die Rosen welken all!

**Den alten Rock verkauft,
um nur fressen zu können!**

E. T. A. Hoffmann

Rosen, Blumen, Nacht und Untergang, schroffe Felsen, wilde Gebirge, muntere Bäche, liebliche Wiesen, einsame Wälder, Überreste von Burgen und schaurige Klöster beflügelten das Schreiben in der Romantik, und einem wie Hauff zu früh Verstorbenen blieb es überlassen, den Gegenentwurf zum vernunftbeherrschten Denken der Aufklärung und den klassischen Idealen Goethes und Schillers zusammenzufassen. Friedrich von Hardenberg, genannt Novalis, gestorben mit achtundzwanzig Jahren:

Wenn nicht mehr Zahlen und Figuren
Sind Schlüssel aller Kreaturen,
Wenn die, so singen oder küssen,
Mehr als die Tiefgelehrten wissen,
Wenn sich die Welt ins freie Leben
Und in die Welt wird zurückbegeben,
Wenn dann sich wieder Licht und Schatten
Zu echter Klarheit werden gatten
Und man in Märchen und Gedichten
Erkennt die wahren Weltgeschichten,
Dann fliegt vor Einem geheimen Wort
Das ganze verkehrte Wesen fort.

Hardenbergs Gedicht wurde zu einem der Glaubenssätze der Romantik, die nicht mehr im kühlen Denker, sondern im großen Künstler die Krönung des Menschen sah. Die Romantiker nahmen an, dass nicht Wissen und Gelehrsamkeit helfen, Welt und Leben zu erfassen, sondern allein der mit der Zauberkraft der Phantasie begabte Künstler. Er sehe mehr und tiefer als der Alltagsmensch. Er schafft in sich eine eigene Welt, die er als Schriftsteller, Musiker oder Maler auszudrücken vermag, sofern die göttlichen Funken der Eingebungen seine Erfindungsgabe entzünden. Joseph von Eichendorff, *Wünschelrute*:

> Schläft ein Lied in allen Dingen,
> Die da träumen fort und fort,
> Und die Welt hebt an zu singen,
> Triffst du nur das Zauberwort.

Das Bild, das sich die Romantiker vom Künstler machten, spukt noch immer in den Köpfen. Eichendorffs Gedichte wie »Wenn ich ein Vöglein wär« oder »Wem Gott will rechte Gunst erweisen«, die er in sein bekanntestes Werk *Aus dem Leben eines Taugenichts* einstreute, wurden durch Komponisten wie Mendelssohn-Bartholdy, Schumann und Brahms zu Volksliedern. Doch so munter die Geschichte des Taugenichts auch ist, der von einer allerliebst gelegenen Mühle aus aufbricht, um in der Welt sein Glück zu finden, Joseph von Eichendorff gilt als der Letzte der Romantiker. Denn das Zauberwort seiner Gegenwart hieß nicht Poesie, sondern Wissenschaft. Das Waldesrauschen wurde übertönt vom Rattern der Webstühle, der geheimnisvolle Mondschein wurde von den Lichtern der Gaslaternen überstrahlt. Der Alltag hatte sich in nur wenigen Jahrzehnten völlig verändert. Perücken, Schnallenschuhe, Seidenstrümpfe und Kniehosen wurden nicht mehr getragen, stattdessen rauchten die Schlote der ersten großen Fabriken, und der Arbeitstakt der Maschinen begann den Alltag zu prägen.

Längst waren Keime als Ursache von Krankheiten ausgemacht worden, James Watt hatte seine Dampfmaschine gebaut, James Cook die Welt umsegelt, Wasserstoff und Stickstoff waren entdeckt, Strom wurde genutzt. Chemie, Physik, Mathematik, Archäologie, Astronomie standen in Blüte. Zur Zeit der Französischen Revolution war Europa von wissenschaftlichem Fortschritt erfüllt, und die erst wenige Jahre zuvor erfundenen Luftschiffe waren die Sensation schlechthin. 1783 fuhren die Montgolfiers mit ihrem Ballon über Paris, kurz darauf stiegen Jacques Alexandre César Charles und Nicolas-Louis Robert vor weit über 300 000 Zuschauern, der größten Menschenansammlung, die bis dahin auf der Welt gesehen worden war, über den Tuilerien auf. 1785 ließ sich Jean-Pierre Blanchard über den Ärmelkanal treiben, 1802 sprang André Jacques Garnerin mit einem Fallschirm in 2400 Meter Höhe aus einer Gondel, um luftkrank, aber wohlbehalten auf einer Londoner Wiese zu landen. Öffentliche Vorträge waren feste Einrichtungen, die von Gelehrten, Künstlern und einfachen Zuhörern gleichermaßen besucht wurden. In den Hörsälen wurde vom Aufbau der Wolken bis zur Bauchrednerei alles besprochen und oft genug von Selbstversuchen begleitet. Als William Pepys in London Lachgas hergestellt hatte, reichte er das Gas herum und ließ es seine Hörer einatmen. Wochen später wurde der Abend wiederholt, und bald schon wurden eigene Lachgasabende veranstaltet, für die sich die Besucher anstellten. Die Vorführung der Herstellung von Sprengstoffen, die ebenfalls in London gezeigt worden war, fand hingegen nur einmal statt.

Die Aufklärung hatte gewirkt. Sie hatte ihr Ziel erreicht und Licht ins Dunkel der Unwissenheit gebracht. Immer mehr Menschen konnten unterdessen lesen und schreiben, in der Öffentlichkeit stritt man über die Herkunft von Versteinerungen, in den Stuben wohlhabender Bürger wurden die neuesten Bücher verrissen, die neueste Mode beklatscht, den neuesten Berichten aus allen Weltteilen gelauscht. Feine Damen aßen bislang unbekannte Früchte, die von immer größeren Schiffen herbeigeschafft wurden. Sie träumten sich fort zu den Inseln der Südsee, weil der ausgesetzte Matrose Alexander Selkirk von seinem einsamen Eiland gerettet worden war und Daniel Defoe sein Schicksal in *Robinson Crusoe* bekannt gemacht hatte. Brobdingnag, das Land der Riesen, Lilliput, das Land der Zwerge, das Jonathan Swift in *Gullivers Reisen* geschildert hatte, war nicht gefunden worden, dafür war Australien entdeckt, und eines der letzten unbekannten Gebiete auf der Weltkarte, die Antarktis, war in Sicht gekommen. In deren reichen Fischgründen jagten Walfänger den Pottwal, der für die ungeschützten Bootsbesatzungen so gefährlich war wie der weiße Wal in Herman Melvilles *Moby Dick*.

Die Welt war voll bunter Vielfalt und steckte voller Abenteuer. Auf den Weltmeeren bekämpften sich englische und französische Kaperschiffe, und Piratenkapitäne machten reiche Beute, die sie auf Inseln wie Cocos Island vergruben, *Die Schatzinsel* des Robert Louis Stevenson. Doch je rascher sich die Welt durch Automaten und Maschinen wandelte, desto unverständlicher wurde sie, und die rasenden Veränderungen schürten unterschwellige Ängste. Das Dunkle der Seele begann, die Menschen in ihren Bann zu ziehen. Mary Shelleys *Frankenstein* entstand, und E. T. A. Hoffmann erzählte die grauenerregende Geschichte eines Vampirs, lange bevor Bram Stokers blutsaugender *Dracula* zubiss.

Novalis konnte das Paradies noch in der eigenen Seele suchen, doch dort lauerte nun der Wahnsinn, von dem E. T. A. Hoffmann schrieb. In seinem Märchen *Der goldene Topf*, in den Erzählungen *Der Sandmann*, *Ritter Gluck* oder *Don Juan* gleitet Hoffmann ständig vom Alltag zum Traum und zurück. Was ist Wirklichkeit? Was Phantasie? Was Wahnsinn? Hoffmanns Geschichten bleiben in der Schwebe und zeigen, dass neben der Vernunft, die den Fortschritt bescherte, der Mensch eine dunkle Seite hat, der er nicht entkommen kann. Hoffmann schildert, was geschehen kann, sobald die dunkle Seite die Übermacht gewinnt, wenn er wie im *Fräulein von Scuderi* über eine Reihe von Morden berichtet oder in den *Elixieren des Teufels* die schaurige Geschichte des Mönchs Medardus erzählt, dessen Leben unter einem Fluch steht, weil er der Nachkomme eines Malers ist, der mit dem Teufel im Bund war. Medardus ist den dämonischen Mächten ausgeliefert. Anders als die Aufklärung, die den Menschen mit freiem Willen begabt sah, ist Medardus unfrei. Er folgt seinen Trieben, sein Leben wird von einem unverschuldeten Schicksal beherrscht. Die Ausschweifungen der Vergangenheit holen ihn ein, treiben ihn zu Verbrechen. Doch ist er für sie verantwortlich? Angstzustände, Fieberphantasien begleiten seinen Weg. Immer wieder begegnet Medardus einem Doppelgänger, der ebenso gut die Untaten begangen haben kann. Gift, Mord, Totschlag. Ist Medardus tatsächlich der Täter gewesen? Tötete er seine Mutter? Ist Medardus gespalten oder ist der Doppelgänger doch Wirklichkeit?

Hoffmann konnte über den Wahnsinn schreiben, weil er im Auf und Ab seines Lebens selbst oft glaubte, wahnsinnig zu werden. Ein Vater, der sich davonmachte, eine putzfimmlige Mutter, die ihre Kammer nicht mehr verließ, ein Kindheitshaus, in dem aus dem Stockwerk über ihnen die Schreie einer Irren durch die Decke drangen. Hoffmann wurde von einem fetten Onkel erzogen, den er »Bratenschnapper« nannte, seine Familie zwang ihn, preußischer Beamter zu werden. Er arbeitete bei Gericht, doch als er Vorgesetzte in Zeichnungen verspottete, wurde er strafversetzt. Er begann zu trinken und floh in die Musik, für die er begabt war. Er schrieb in seinem Leben mehr als achtzig musikalische Werke und sah sich immer zuerst als Musiker. Die Melodie zu seinem eigenen Leben aber lieferten die Trommeln der napoleonischen Armee.

In Frankreich war Napoleon Bonaparte vom Unteroffizier zum General der Französischen Revolution, dann zum Kaiser der Franzosen aufgestiegen. Unter seinem Befehl überzog die Grande Armée die Länder, die gegen die Revolution gekämpft hatten, mit Krieg. Preußen wurde geschlagen. Hoffmann, der als einer von wenigen preußischen Beamten den Eid auf den neuen Herrn Napoleon verweigerte, wurde entlassen. Er kroch in Berlin unter, begann zu schreiben und hungerte. »Seit fünf Tagen habe ich nichts gegessen als Brot.« Ein Jahr höchste Not, ehe er sich in Bamberg als Musiklehrer durchbrachte. Verheiratet, sechsunddreißig Jahre alt, verliebte sich Hoffmann unglücklich in eine vierzehnjährige Gesangsschülerin. Aus seinem Tagebuch: »Unvernunft und Leidenschaft.« – »Entweder schieße ich mich tot wie einen Hund oder ich werde toll!« – »Warum denke ich schlafend und wachend so oft an den Wahnsinn?« Die Liebschaft flog auf, seine Gesangsschülerinnen wurden ihm entzogen. Wieder drohte der Hunger. Hoffmann: »Den alten Rock verkauft, um nur fressen zu können!« Zunächst hatte er Glück, denn er wurde in Dresden und Leipzig als Kapellmeister angestellt, kurz darauf jedoch nach einem Streit erneut auf die Straße gesetzt. Als dann die vereinten Armeen Preußens, Österreichs und Russlands Napoleon in der Völkerschlacht bei Leipzig besiegt hatten, brauchte Preußen wieder Beamte. Hoffmann kam beim Gericht in Berlin unter und wurde zu einem der höchsten Richter seines Landes. Nachts schrieb er oder saß beim Wein, tagsüber urteilte er unbestechlich, selbst gegen den König.

Frankreich war verhasst und blieb nach der Niederlage Napoleons bei Waterloo der deutsche Erzfeind für beinahe eineinhalb Jahrhunderte. Um seine Bürger für den Krieg gegen Frankreich zu begeistern, hatte der preußische König ihnen eine Teilhabe an der Herrschaft zugesagt und versprochen, diese in einer Verfassung festzuschreiben. Nach dem Sieg über Frankreich war das vergessen, die Bürger gingen leer aus. Ihre Freiwilligenverbände hatten für nichts geblutet. Insbesondere die Studenten protestierten und forderten Pressefreiheit, Meinungsfreiheit, Beteiligung der Bürger an der Macht und vor allem endlich auch ein einheitliches Deutschland, um den jahrhundertealten Flickenteppich aus wenigen großen Königreichen und vielen kleinen und kleinsten Fürstentümern ein für alle Mal zu beseitigen. Dann aber erstach der Student Karl Ludwig Sand den Staatsrat August von Kotzebue. Der Mord sollte den bürgerlichen Aufstand auslösen, doch er brachte das Verbot der studentischen Verbindungen, Bespitzelungen, Versammlungsverbot, willkürliche Verhaftungen. Auch E. T. A. Hoffmann geriet in den Verdacht, ein bürgerlicher Revolutionär zu sein. Er wurde verhört, die Haft aber, die ihm sicher war, musste er nicht mehr erdulden. Der Tod kam dem königlichen Haftbefehl zuvor. Erst waren Hoffmanns Füße gelähmt, dann erstarrten seine Beine, dann die Hände, dann die Arme, bis er nur noch den Kopf bewegen und am Ende nicht mehr atmen konnte. Sein Schreiben aber wirkte fort und beeinflusste große Werke der Weltliteratur wie Edgar Allen Poes *Der Untergang des Hauses Usher* und *Das Faß Amontillado*, Oscar Wildes *Das Bildnis des Dorian Gray*, Nicolai Gogols *Der Mantel* und Emily Brontës *Sturmhöhe*. Ernst Theodor Amadeus Hoffmann war tot, doch das mutige Eintreten für die bürgerliche Freiheit war trotz aller Unterdrückung nicht erloschen.

Friede den Hütten! Krieg den Palästen!

Georg Büchner und Eduard Mörike

Während Hoffmann krank in seinem Lehnstuhl saß, nahm ein aufsehenerregender Fall seinen Lauf, der ihm als Richter gelegen hätte: Der Prozess gegen den arbeitslosen Perückenmacher Johann Christian Woyzeck, der seine Geliebte erstochen hatte. Drei Jahre wurde der Fall verhandelt, weil Woyzecks Zurechnungsfähigkeit während der Tat in Frage stand. Ein öffentlicher Streit entbrannte, mit Gutachten und Gegengutachten, dann wurde Woyzeck auf dem Marktplatz von Leipzig hingerichtet. Er galt als voll schuldfähig, der Fall war abgeschlossen, zwölf Jahre später aber verarbeitete der zweiundzwanzigjährige Georg Büchner das Geschehen für sein Stück *Woyzeck*.

Mit *Woyzeck* bekam erstmals die Unterschicht eine tragende Stimme auf der Bühne, denn Woyzeck ist kein Bürger. Er gehörte zum Heer der rechtlosen Knechte, Dienstboten, Bergleute, Tagelöhner und Fabrikarbeiter, die mehr und mehr zu Sklaven der Besitzenden wurden. Bei Büchner ist Woyzeck ein einfacher grüblerischer Soldat, der mit seiner Geliebten Marie ein Kind hat. Woyzeck reibt sich für beide auf. Erschöpft vom Dienst, verdingt er sich zusätzlich als Bartscherer und vermietet sogar seinen Körper für ärztliche Versuche, um nebenbei ein wenig Geld aufzutreiben. Aber ein Major verführt Marie. Woyzeck kommt dahinter. Der Major lacht ihn aus, verprügelt ihn wie der Herr den Hund. Woyzecks Welt bricht zusammen. Er beginnt, Stimmen zu hören. »Stich,

stich, stich, tot, tot!« Er kauft ein Messer, doch er ersticht nicht den Major, sondern Marie. Und das ist das Richtungsweisende an Büchners *Woyzeck*: Woyzeck kämpft gar nicht erst gegen seine Quälgeister. Er nimmt die Verhältnisse, in denen er lebt, als unveränderlich gegeben hin. Als er endlich aufbegehrt, wendet er sich nicht gegen die höheren Stände, sondern gegen seinen eigenen.

Büchner bildete damit die Wirklichkeit ab. In ihrer Ohnmacht war die verarmte breite Masse nicht in der Lage, gegen die Reichen und Mächtigen anzutreten. Gearbeitet wurde häufig von Sonnenaufgang bis Sonnenuntergang. Der Kampf ums blanke Überleben bestimmte den Alltag. An ein hochherziges Streben nach einer besseren Welt war für das einfache Volk nicht zu denken. Noch fast ein Jahrhundert später wird Bertolt Brecht, der Büchner als Vorbild sah, in der *Dreigroschenoper* schreiben: »Erst kommt das Fressen, dann kommt die Moral.«

Ein Aufstand gegen diese Verhältnisse fand in Deutschland trotz aller Aufrufe dazu nicht statt. Den bedeutendsten Aufruf überschrieb Georg Büchner mit »Friede den Hütten! Krieg den Palästen!«. *Der Hessische Landbote*, so der Titel der Flugschrift, prangerte die Missstände unumwunden an:

> Das Leben der Vornehmen ist ein langer Sonntag; sie wohnen in schönen Häusern, sie tragen zierliche Kleider, sie haben feiste Gesichter, sie reden

> eine eigne Sprache; das Volk aber liegt vor ihnen wie Dünger auf dem Acker. Der Bauer geht hinter dem Pflug, der Vornehme aber geht hinter ihm und dem Pflug und treibt ihn mit den Ochsen am Pflug, er nimmt das Korn und läßt ihm die Stoppeln. Das Leben des Bauern ist ein langer Werktag; Fremde verzehren seine Äcker vor seinen Augen, sein Leib ist eine Schwiele, sein Schweiß ist das Salz auf dem Tische der Vornehmen.

Büchner entwarf die Streitschrift *Der Hessische Landbote* mit einundzwanzig. Danach war er den kurzen Rest seines Lebens auf der Flucht.

Seit der Niederlage Napoleons herrschte der Adel unerbittlich, die deutschen Länder waren Polizeistaaten. Jede Bewegung, die auf eine bürgerliche Verfassung drängte, wurde gnadenlos verfolgt, und jeder Aufruf zu Veränderungen zog Verhöre oder Haft nach sich. Was blieb, war der Untergrund. Entscheidend für Büchner war das Jahr 1834. Der Medizinstudent wurde Mitbegründer der geheimen »Gesellschaft für Menschenrechte«, die neben dem *Hessischen Landboten* weitere Flugblätter plante, doch sie wurde verraten, und einer der Studenten wurde mit einem Packen des *Landboten* verhaftet. Büchner warnte seine Mitverschworenen. Gegen ihn selbst wurde polizeilich ermittelt, und dennoch war er an den Vorbereitungen für eine Gefangenenbefreiung aus der Festung Friedberg beteiligt.

Bald darauf arbeitete er an seinem Stück *Dantons Tod*, doch als er sich im Frühjahr 1835 weigerte, einer Vorladung zum Verhör zu folgen, musste er alles zurücklassen, Freunde, Familie, Mitstudenten. Büchner floh von Darmstadt nach Straßburg. Dort entstand seine Novelle *Lenz*, mit der er das Schicksal des einst aus Weimar vertriebenen Jakob Michael Reinhold Lenz, der völlig verarmt in Moskau gestorben war, ergreifend umschrieb. In Straßburg schloss Büchner sein Studium ab, doch er konnte nicht nach Deutschland zurück. Auf ihn war ein Haftbefehl ausgestellt worden. Er reiste weiter in die Schweiz und schrieb am *Woyzeck*, den er nicht mehr vollenden konnte. Den Winter 1836 auf 1837 verbrachte er in Zürich, er bekam Fieber, eine Woche später war er tot. Von Haft bedroht, auf der Flucht, vertrieben: Georg Büchner starb mit dreiundzwanzig Jahren an Typhus, der Krankheit der armen Leute.

Während Büchner auf seinem Sterbebett lag, lümmelte sich Eduard Mörike vermutlich auf seinem Pfarrersbett und spielte den Erschöpften. Träge war er schon immer. So träge, dass seine Vorgesetzten ihn ein faules Luder nannten und ihn kopfschüttelnd von seinem Amt freistellten, sooft er sie um Urlaub für eine Kur bat. Und das tat er oft. Bereits bei seiner Ausbildung zum Pfarrer am Tübinger Stift galt er nicht gerade als Leuchte. Mit der Hausordnung stand er auf Kriegsfuß, seine Verweise für Herumtreiberei, Zuspätkommen, Tabakrauchen oder verlotterte Kleidung häuften sich so sehr, dass Eduard Mörike zu einem der am meisten bestraften Zöglinge wurde. Eine seiner Übungspredigten erhielt eine vernichtende Beurteilung: mittelmäßig, unangemessen, unangenehm anzuhören. Später lieh er sich Predigten von Pfarrern aus und entschlüsselte lieber deren Gekrakel, als sich selbst hinzusetzen. »Was die Handschrift anbelangt, so haben ja die Diebe gute Augen.«

Das Stift ging ihm auf die Nerven, ihm grauste davor, Pfarrer zu werden, und kaum aus dem Stift heraus, kaum Pfarrgehilfe, war er krank. Für acht Wochen wurde ihm freigegeben, Mörike machte gleich ein Jahr daraus. Er versuchte, vom Schreiben zu leben, doch das ging reichlich schief. »Ich sah«, so Mörike, »ich würde von dem Erzählungenschreiben bald Bauchweh bekommen, ärger als je vom Predigtmachen.« Schreiben fürs tägliche Brot war ihm zu anstrengend, und doch gelang ihm über viele Jahre Hervorragendes, darunter vor allem die Novelle *Mozart auf der Reise nach Prag* und Gedichte wie *Um Mitternacht*, *In der Frühe*, *Septembermorgen* oder *Er ist's*:

Frühling läßt sein blaues Band
Wieder flattern durch die Lüfte;
Süße, wohlbekannte Düfte
Streifen ahnungsvoll das Land.

Nacht und Nebel, Wald und Wiesen, Träumen, Blumen, Weinberge – Mörikes Schreiben kennzeichnete die Gesellschaft, in der er lebte. Die Verfolgung der freiheitlichen Bewegung, die ständigen Verdächtigungen und Bespitzelungen hatten Wirkung gezeigt. Um in Frieden gelassen zu werden, blieb nur der Rückzug in die heimeligen Gefilde von Haus und Garten. Bloß nicht auffallen – und wie die drei Affen nichts hören, nichts sagen, nichts sehen. Ruhe war die erste Bürgerpflicht. Solange sich Hinz und Kunz, Müller und Meier brav und bieder verhielten, geschah ihnen auch nichts. Die Zeit hat davon ihren Namen: Biedermeier. Der Erzengel Michael auf der Fahne des Heiligen Römischen Reiches Deutscher Nation, in dem die heillos zersplitterten deutschen Länder seit dem Mittelalter zumindest dem Namen nach zusammengefasst waren, wurde zur Spottfigur für alles Spießige. Als »Deutscher Michel« trägt er eine Schlafmütze. Die Gartenzwerge tragen sie noch immer. Doch Vorsicht. Für Mörike gilt, dass er nie ganz harmlos ist, wo er harmlos daherkommt. In Eichendorffs *Taugenichts* standen Mühle, Mühlrad und plätschernder Bach noch für romantische Beschaulichkeit, in Mörikes *Feuerreiter* brennt die Mühle nieder, und der unheimliche Reiter, der immer bei Bränden erscheint, kommt in ihr um. Offen aufbegehrt hat der schwäbische Pfarrer Mörike nie. Er zog die Bescheidenheit vor und hoffte, dass alles Gute von allein als Gottesgeschenk vom Himmel fällt. Andere wollten nicht so lange warten.

Denk ich an Deutschland in der Nacht,
Dann bin ich um den Schlaf gebracht

Heinrich Heine

Ein neues Lied, ein besseres Lied,
O Freunde, will ich euch dichten!
Wir wollen hier auf Erden schon
Das Himmelreich errichten.

Wir wollen auf Erden glücklich sein
Und wollen nicht mehr darben;
Verschlemmen soll nicht der faule Bauch,
Was fleißige Hände erwarben.

Es wächst hienieden Brot genug
Für alle Menschenkinder,
Auch Rosen und Myrten, Schönheit und Lust,
Und Zuckererbsen nicht minder.

Ja, Zuckererbsen für jedermann
Sobald die Schoten platzen!
Den Himmel überlassen wir
Den Engeln und den Spatzen.

Heinrich Heine in *Deutschland. Ein Wintermärchen*. Mörike und Heine sind zwei Seiten einer Medaille: Deutschland in den Jahren vor der Revolution im März 1848, dem so genannten deutschen Vormärz. Mörike zog sich zurück, Heine entschied sich wie schon Georg Büchner für den Widerstand durch aufrüttelndes Schreiben. Doch während Büchners *Hessischer Landbote* einem wuchtigen Breitschwert gleicht, führte Heinrich Heine ein geschmeidiges Florett. Fechten konnte er, und das nicht nur mit Worten. Als Student erhielt er eine Duellforderung für einen »Sittlichkeitsverschiß«, in der Sprache der christlichen Burschenschaft Göttingens ein Vergehen gegen die Keuschheit, begangen in der »Knallhütte«, einem Puff. Kein Wunder, dass Heinrich Heine in *Die Harzreise* über Göttingen schrieb: »Die Stadt selbst ist schön, und gefällt einem am besten, wenn man sie mit dem Rücken ansieht.«

Spitz, scharf, der schnelle, tödliche Stich – Heines Florett ist der Spott, für den er auch noch lange nach seinem Tod gehasst wurde. Seine Werke landeten hundert Jahre später in den Feuern der nationalsozialistischen Bücherverbrennungen, sein volkstümlichstes Gedicht, »Ich weiß nicht, was soll es bedeuten«, das *Loreleylied*, nahmen Hitlers Schergen dennoch in ihre Lesebücher auf. »Unbekannter Dichter« stand verlogen darunter, und ein ganz kluger Pfarrer merkte in einer Hetzrede an, der Mann schreibe jüdisch, nicht deutsch, denn richtig müsse das doch heißen: Ich weiß nicht, was es bedeuten soll. Auch sein *Buch der Lieder*, dem viele heutzutage noch gesungene Volkslieder entstammen, schützte sein Ansehen im nationalsozialistischen Deutschland nicht. 1933 stürzte ein aufgebrachter Volksmob das Heine-Denkmal in Frankfurt, 1940 wurde für eine Metallsammlung zu Hitlers Geburtstag die Heine-Tafel an seinem Geburtshaus in Düsseldorf entfernt und eingeschmolzen, um daraus Waffen zu machen. Seine Schriften waren da längst verboten. Nichts Neues, denn schon zu seinen Lebzeiten waren Werke Heines aus dem Verkehr gezogen worden. Im Jahr 1835, in dem Georg Büchner floh, wurden sämtliche fortschrittlichen Schriftsteller geächtet, die als »Junges Deutschland« bezeichnet worden waren. Heine wurde ausdrücklich beim Namen genannt. Ein Jahr später setzte die katholische Kirche ihn auf ihre Liste der verbotenen Bücher, den Index, weil er, wie er schrieb, nicht an deren Eiapopeia vom Himmel glaube, das nur dazu diene, das Volk einzulullen.

Heine wurde verboten und beschimpft, weil er unbequem und bissig war, doch nicht nur deswegen. Heinrich Heine war von Geburt Jude, und der Judenhass brodelte seit Jahrhunderten in Deutschland. Außerdem hatte er das Land verlassen. Er lebte beim verachteten Feind. Heine war aus dem geistig engen, miefigen Deutschland nach Paris gezogen. Von dort aus schrieb er gegen die gesellschaftliche Eiszeit in Deutschland an, das in der politischen Winterstarre verharrte, die Heine zeit seines Lebens nicht ruhen ließ. »Denk ich an Deutschland in der Nacht«, schrieb er in *Deutschland. Ein Wintermärchen*, »dann bin ich um den Schlaf gebracht.« Der Titel passte zu diesem bedeutendsten Werk Heinrich Heines. Was und wie er darin über seine Heimat schrieb, wurde ihm von den Ewiggestrigen nie verziehen. Wenn er im *Wintermärchen* vom Hochmut der hölzernen preußischen Offiziere schrieb, die so steif herumstelzen würden, als ob sie den Stock verschluckt hätten, mit dem sie sonst geprügelt werden, oder wenn er von Köln sagte, dass dort zu den Flammen der mittelalterlichen Scheiterhaufen die Glocken ihr »Lobet den Herren« geschlagen hätten, dann nahm man ihm das übel. Heinrich Heine galt als »Vaterlandsverräter«, »Nestbeschmutzer«, »vaterlandsloser Geselle«, »Literaturjude«, »Schmutzfink im deutschen Dichterwalde«, »Schädling und Seelenverwüster des deutschen Volkes«, weil er mal verdeckt wie in *Der Rabbi von Bacherach* oder *Aus den Memoiren des Herren von Schnabelewopski*, mal offen wie in *Reisebilder* den Stillstand in Deutschland genauso unbarmherzig geißelte wie das allzu satte Bürgertum. Ein leicht gekürzter Auszug aus der *Harzreise*, eine gnadenlose Beschreibung zweier Damen, die einen Herren begleiten:

> Die eine Dame war die Frau Gemahlin, eine gar große, weitläuftige Dame, ein rotes Quadratmeilengesicht mit Grübchen in den Wangen, die wie Spucknäpfe für Liebesgötter aussahen, ein langfleischig herabhängendes Unterkinn, das eine schlechte Fortsetzung des Gesichtes zu sein schien. Die andere Dame, die Frau Schwester, bildete ganz den Gegensatz der eben beschriebenen. Stammte jene von Pharaos fetten Kühen, so stammte diese von den magern. Das Gesicht nur ein Mund zwischen zwei Ohren, die Brust trostlos öde, wie die Lüne-

burger Heide; die ganze ausgekochte Gestalt glich einem Freitisch für arme Theologen.

Vor Heinrich Heine war keiner sicher, auch Schriftsteller nicht, wenn sie, wie Mörike, eher über das Einmachen von Gurken zipfelmützige Gedichte schrieben, statt für Veränderungen zu kämpfen. Kaum einer kam in Heines *Die romantische Schule* ungeschoren davon. Der Preis, den er für sein Schreiben bezahlte, war hoch. Nachdem er Deutschland verlassen hatte, kehrte er nur zweimal zurück. Er war nicht erwünscht, weil er die lästige Wahrheit laut aussprach. Aus Boshaftigkeit? Spottlust? Sicher nicht. Heinrich Heine ertrug die Verhältnisse in Deutschland nicht, weil er Deutschland liebte. Den Ausbruch der so lange herbeigesehnten Revolution aber, die im Frühjahr 1848 doch noch nach Deutschland kam, erlebte er nur aus der Ferne, in Paris. Er war krank geworden. Wie E. T. A. Hoffmann starb auch Heinrich Heine langsam ab. Seine letzten Jahre siechte er in seiner »Matrazengruft«. Ungeklärt ist, ob er an einer Geschlechtskrankheit zugrunde ging. Er selbst bezeichnete sein Leiden als »Krankheit der glücklichen Männer«.

Schleichend war sie herangekrochen. Zwei Finger der linken Hand wurden gelähmt, dann der Arm. Sehstörungen traten auf. Ein Augenlid zog er mit dem Finger nach oben, um überhaupt noch richtig zu sehen. Die rechte Gesichtshälfte erlahmte, der Kreislauf gab nach. Weil Heine auf einer Reise das Fahren mit der Kutsche nicht mehr vertrug, ließ er sich in einem Sessel über die Berge tragen. Für einen allerletzten Besuch außer Haus trug ihn ein Dienstbote auf dem Rücken, danach wurde Heine von der Lähmung niedergestreckt. Acht Jahre lag und litt er auf seinen Matratzen, die mit einem Rehfell überzogen waren. Seine Behandlung zu schildern – zu schrecklich. So viel sei gewiss, schrieb Heine, dass er in den letzten drei Monaten mehr Qualen erduldet, als jemals die spanische Inquisition habe ersinnen können. Doch wie E. T. A. Hoffmann gab auch er nicht auf. In besseren Stunden schrieb er selbst, sonst diktierte er. Am Samstag, dem 16. Februar 1856, flüsterte er seiner Pflegerin »Schreiben« zu, in der Nacht darauf war er tot. Drei Tage danach, an einem kalten und nebligen Morgen, wurde er auf dem Friedhof Montmartre begraben. Seine Weitsicht aber hatte er bis zum Schluss nicht verloren. »Die Zukunft riecht nach Juchten, nach Blut, nach Gottlosigkeit und nach sehr vielen Prügeln. Ich rate unsern Enkeln, mit einer sehr dicken Rückenhaut zur Welt zu kommen.«

Tiefes, ödes Schweigen, die ganze Erd' wie tot

Annette von Droste-Hülshoff

Stichworte zum Leben der Annette von Droste-Hülshoff. Am Anfang das Ende. Zeit: Frühjahr 1848. Ort: Berlin. Schüsse fallen, Barrikaden werden gebaut. Das Volk kämpft gegen den Adel und zwingt den preußischen König, sich vor den Gefallenen zu verneigen. In den deutschen Ländern sind Tausende auf den Straßen. Für Versammlungsfreiheit, für Pressefreiheit, für die lang erstrebte Verfassung.

Szenenwechsel. Selbe Zeit. Ort: Meersburg, Bodensee. Vor der Burg: Eine aufgebrachte Menschenmenge, die Waffen fordert. In der Burg: Annette von Droste-Hülshoff, die erschrocken die Aufständischen sieht. Den Sieg der bürgerlichen Revolutionäre erlebt sie nicht mehr. Eine Woche nach Einberufung der verfassunggebenden Versammlung in der Frankfurter Paulskirche am 18. Mai 1848 ist Annette von Droste-Hülshoff tot.

Noch einmal Szenenwechsel. Rückblende auf die Jahre zuvor. Der Ort diesmal: Das Rüschhaus bei Münster, halb Bauernhof, halb Herrenhaus, in dem die Droste ihr bescheidenes, fast ärmliches Leben fristete. Wochen zu früh geboren, war sie zeitlebens kränkelnd. Klein und zierlich, litt sie an Kopfschmerzen, der Magen machte ihr zu schaffen. Sie lebte von Pellkartoffeln, mittags Suppe, abends warmes Bier, Butterbrot, Käse. Sie schlief unruhig, sah schlecht. Schreiben konnte sie nur dicht übers Blatt gebeugt. Von früh an wurde ihr deshalb alles untersagt, was sie hätte aufregen können. Noch mit fünfzehn wurde ihr streng verboten, Schiller zu lesen. Und doch: Annette von Droste-Hülshoff war ein aufgewecktes Mädchen. Zu aufgeweckt. Sie galt als überspannt, denn sie las viel, dichtete, schrieb Musik, aber das gehörte sich nicht für ein Fräulein von Adel. Ein Lied am Klavier gesungen für Gäste – gut, ein Gedicht am Kamin artig vorgetragen – auch gut, aber selber schreiben, das rief argwöhnischen Spott hervor, der sie verschlossen machte, bissig und scharfzüngig. Die Droste war unbeliebt. Heiraten, eine eigene Familie, ein eigener Haushalt wären ein Ausweg gewesen, doch das wurde hintertrieben.

Die katholische Adlige hatte sich in einen lutheranischen Bürgerlichen verliebt. Eine Unmöglichkeit im erzkatholischen Adel des Münsterlandes. Verwandte stellten ihr eine Falle. Ein stramm Gläubiger wurde auf sie angesetzt. Er umgarnte sie, gab der unscheinbaren Jungfer das Gefühl, begehrenswert zu sein. Ein Kuss oder auch nur die Hand zu halten, hatten für ihr Verderben genügt. Der Verführer eilte stracks zu ihrem Auserkorenen, um ihren sittenlosen Leichtsinn anzuprangern. Annette von Droste-Hülshoff war für immer bloßgestellt. Ein ehrloses Mädchen, das für keine Heirat mehr in Frage kam. Ihr Schicksal war damit besiegelt: Sitzengebliebene mussten sich ihr Leben lang unter der Fuchtel der Verwandten ducken und galten als überflüssiger Klotz am Bein, als nutzlose Esser.

Tiefes, ödes Schweigen,
Die ganze Erd' wie tot!
Die Lerchen ohne Lieder steigen,
Die Sonne ohne Morgenrot.
Auf die Welt sich legt
Der Himmel matt und schwer,
Starr und unbewegt,
Wie ein gefrornes Meer.

Ihre Not, ihre Ohnmacht, Trostlosigkeit und Trauer klingen in *Geistliche Lieder* an, die erst nach ihrem Tod erschienen und für die sie zur einfältigen Glaubensdichterin abgestempelt wurde. Annette von Droste-Hülshoff war alles andere als das. Sie lebte zurückgezogen in ihren winzigen Kammern, die ihr im Rüschhaus zugewiesen waren, die alten Gebrechen quälten sie, die Bewirtschaftung des Guts, das zum Rüschhaus gehörte, forderte sie. Das Land aber, das sie umgab, regte sie zum Schreiben an. Die gespenstischen Eichen im dämmrigen Licht vor ihren Fenstern, der Nebel, der über die Heide zog, das alles verschluckende Moor, über das sie ihr berühmtestes Gedicht schrieb, *Der Knabe im Moor*.

O schaurig ist's über's Moor zu gehn,
Wenn es wimmelt vom Heiderauche,
Sich wie Phantome die Dünste drehn
Und die Ranke häkelt am Strauche,
Unter jedem Tritte ein Quellchen springt,

Wenn aus der Spalte es zischt und singt,
O schaurig ist's über's Moor zu gehen,
Wenn das Röhricht knistert im Hauche!

Zeile für Zeile rang sie sich mühselig in ihrer nicht enden wollenden Einsamkeit ab. Nur wenige Reisen brachten Abwechslung und den schreibensnotwendigen Schwung, denn die holpernden Kutschen auf den schlechten Wegen strengten die Droste an, Dampfeisenbahnen waren erst im Bau und die noch ungewohnten Schaufelraddampfer auf den Flüssen waren teuer. Sie lebte von einer dürftigen Rente, die ihr aus ihrem Erbe angewiesen wurde, ein Versuch, an Gedichten zu verdienen, scheiterte. 500 Bücher ihres ersten Lyrikbandes wurden gedruckt, 74 verkauft. Droste-Hülshoff schildert das Urteil der Familie: »Die erste Stimme erklärt alles für reinen Plunder, für unverständlich, konfus, und begreift nicht, wie eine scheinbar vernünftige Person solches Zeug habe schreiben können. Nun tun alle die Mäuler auf und begreifen alle miteinander nicht, wie ich mich habe so blamieren können.« Jahre reimte sie erfolglos in Abgeschiedenheit und Krankheit, und lange wurde in Annette von Droste-Hülshoff eine kreuzbrave Heimatdichterin gesehen, die über Moor, Heide und Maria mit dem Jesulein schrieb, doch wie schon bei Mörike gilt auch bei ihr, dass sie nichts Argloses hinkritzelte. Ihre Erzählung *Die Judenbuche*, die sie 1841 beendete, wenige Jahre vor ihrem Tod, zeigt das überdeutlich. Darin schrieb sie so wirklichkeitsnah, wie zu ihrer Zeit nur Büchner das konnte. Nach ihr sollte sich dieser Stil zum Realismus ausformen, und dann weiterentwickelt Naturalismus heißen.

In Amerika gestaltet James Fenimore Cooper nach dem Vorbild des Trappers Daniel Boone, von dem das geflügelte Wort stammt, nur ein toter Indianer sei ein guter Indianer, den *Lederstrumpf*, und bald darauf schreibt er *Der letzte Mohikaner*, Edgar Allan Poe sitzt an *Der Mord in der Rue Morgue*. In England prägt Richard Owen für immer häufiger gefundene riesige, rätselhafte Knochenskelette den Begriff »Dinosaurier«, was so viel bedeutet wie schreckliche Echsen. Die Hypnose wird entdeckt. Doch die weite Welt bekam Annette von Droste-Hülshoff im Rüschhaus nur vom Hörensagen mit, als sie über ihrer fortschrittlichen Erzählung *Die Judenbuche* brütete. Die Geschichte handelt vom Aufstieg und Fall des Mörders Friedrich Mergel, der sich an dem Baum im Brederholz erhängt, an dem sein Opfer gefunden worden war. Schon Mergels verkommener Vater war im selben Wald in einer stürmischen Winternacht betrunken erfroren. Danach wuchs der verspottete Friedrich Mergel ausgestoßen und verwahrlost in einem kleinen, erbärmlichen Dorf auf, das für gewaltsamen Holz- und Wildfrevel verrufen ist. Die Holzräuber und Wilderer aber sind im Dorf angesehen, und der ehrgeizige Mergel begreift: Nur der Starke hat die Macht, der Schwache wird erbarmungslos geächtet. Er macht sich darum mit den Dieben gemein, und als er bei der Ermordung des Försters mitschuldig wird, gehört auch er zu den Bewunderten. Endlich ist er wer, und da Kleider bekanntlich Leute machen, putzt er sich heraus. Als der Jude, bei dem er dafür in der Kreide steht, ihn vor aller Augen mahnt, das Geld zurückzuzahlen, ist Mergel dem Hohn des Dorfes preisgegeben. Er lauert dem Juden auf, bringt ihn um und flieht. Nach langen Jahren kehrt er unerkannt als armseliger Krüppel heim, um von seinem Fluch getrieben in den Brederwald zu gehen und sich an der »Judenbuche« zu erhängen. Ende der Geschichte, in der das Dorf des Friedrich Mergel endgültig kein heiterer Himmel mehr ist mit Wiesen und Wäldern und Blümchen. Das friedliche Dorfleben der Romantik ist zur Hölle geworden, in der alle ausweglos gefangen sind in einer unbarmherzigen Sippschaft, die alle verdammt, die dem schönen Schein nicht genügen.

Mit der *Judenbuche* hatte die Droste auch mit ihrer Familie abgerechnet, doch jedwede Genugtuung kam für sie zu spät. Nachdem sie die Erzählung abgeschlossen hatte, schleppte sie sich erschöpft zu Verwandten auf die Meersburg. Einmal noch kehrte sie ins Rüschhaus zurück, in dem sie einsam litt, dann quälte sie sich wiederum an den Bodensee, in der vergeblichen Hoffnung, sich zu erholen. 24. Mai 1848: Bluthusten, Erbrechen, das Herz hörte auf zu schlagen. Das einundfünfzigjährige Leben der Annette von Droste-Hülshoff war vorbei. »Ich mag und will jetzt nicht berühmt werden, aber nach hundert Jahren möcht ich gelesen werden«, hatte sie vor dem nahenden Ende noch geschrieben. Ihr Wunsch hat sich erfüllt.

**Gott sei Dank! Nun ist's vorbei
mit der Übeltäterei!!**

Busch, Keller, Storm, Fontane

Im Jahr 48 trug auch ich mein gewichtiges Kuhbein, welches nie scharf geladen werden durfte, und erkämpfte mir in der Wachtstube die bislang noch nicht geschätzten Rechte des Rauchens und des Biertrinkens.« Nachdem Wilhelm Busch mit sechzehn sein ungeladenes Gewehr von der Schulter genommen und sich in der Revolution auf Seiten der Aufständischen seine neuen Rechte erstritten hatte, wurde er Kettenraucher. Zweimal starb er beinahe an einer Nikotinvergiftung, und auch das Biertrinken behielt er bei. Wilhelm Busch mochte einen ordentlichen Schluck und gutes Essen. Er blieb Junggeselle und schätzte ein zurückgezogenes Leben so sehr, dass er schon totgesagt wurde, als er noch lebte, doch das störte ihn nicht weiter, weil er seine Geburt sowieso für einen Fehler und den Ruhm, den er sich erwarb, für Schwindelware hielt. Deshalb, und weil er dicke Bücher, die über das Leben erzählen, als puren Schnickschnack ansah, machte er kurze Gedichte zu Bildergeschichten, mit denen er die gutbürgerliche Heuchelei aufspießte.

Ein guter Mensch gibt gerne acht,
Ob auch der andre was Böses macht;
Und strebt durch häufige Belehrung
Nach seiner Beßrung und Bekehrung.

Wilhelm Busch wurde im Todesjahr Goethes, 1832, geboren, er starb 1908, und sein Jahrhundert, das er gnadenlos betrachtete, gab ihm Gelegenheit genug, bissig, lästernd, verächtlich oder weise lächelnd zu sticheln, wobei er auch bei sich keine Ausnahme machte. Eigene Fehler, wie seine Schriftstellereitelkeit, nahm er spöttelnd aufs Korn.

Die Selbstkritik hat viel für sich.
Gesetzt den Fall, ich tadle mich,
So hab ich erstens den Gewinn,
Daß ich so hübsch bescheiden bin;
Zum zweiten denken sich die Leut,
Der Mann ist lauter Redlichkeit;
Auch schnapp ich drittens diesen Bissen
Vorweg den andern Kritiküssen;
Und viertens hoff ich außerdem
Auf Widerspruch, der mir genehm.
So kommt es denn zuletzt heraus,
Daß ich ein ganz famoses Haus.

Frömmelei, Duckmäuserei, Verlogenheit und jedwede Banauserei bekamen bei ihm ihr Fett weg, und obwohl er wusste, dass sein Schreiben letztlich nichts wirklich besserte, bildete Wilhelm Busch die große Geschichte mit kleinen Geschichten ab. Die Hoffnung auf eine veränderte Welt hatte er nicht zusammen mit seinem Gewehr abgegeben. Wilhelm Busch trat auf seine Weise für eine verbesserte Welt ein, selbst da, wo es nicht zu vermuten wäre: Im Gegensatz zum Irrenarzt Heinrich Hoffmann, der mit erhobenem Erziehungszeigefinger im *Struwwelpeter* Kindern Schmerz und schreckliche Tode androhte, falls sie nicht brav den Anweisungen der Erwachsenen folgten, sind die Streiche von *Max und Moritz* und deren brutales Ende auch ein schlauer Tadel des Wilhelm Busch an den bestehenden Machtverhältnissen, denn die Lausbuben fügen mit ihrem Unfug ausgerechnet den Würdenträgern ihres Dorfes Schaden zu. Witwe Bolte und die armen Hühner, Lehrer Lämpel, Meister Böck, Onkel Fritze und die Maikäfer, der Zuckerbäcker, Bauer Mecke – am Ende werden Max und Moritz, denen Wilhelm Buschs ganze Zuneigung gehört, dafür in der Mühle von Meister Müller zerhackt.

Gott sei Dank! Nun ist's vorbei
Mit der Übeltäterei!!

Das könnte auch der preußische König als Meister Müller ausgerufen haben, nachdem er Jahre vor Erscheinen von *Max und Moritz* das Volk besiegt hatte, das ihn und den Adel unter der Führung geld- und einflussreicher Bürger mit Waffengewalt in die Knie gezwungen hatte. Die Herrschenden hatten 1848 nachgegeben und Machtbeteiligung und weit reichende Lebensverbesserungen versprochen. Bürgerliche Abgeordnete waren zur verfassunggebenden Versammlung in die Frankfurter Paulskirche eingezogen, doch zu lange hatten die Fürsten geherrscht, zu tief saßen

Adelsgläubigkeit und obrigkeitsdienerischer Gehorsam. Die deutsche Revolution von 1848 scheiterte, weil sie nicht weit genug ging. Im Gegenteil. Die Volksvertreter trugen dem preußischen König die Kaiserkrone über die deutschen Länder an, doch der hatte die Beleidigung der erzwungenen Verneigung vor den toten Aufständischen nicht vergessen. Der König lehnte die Krone ab, an der, wie er sagte, noch der Geruch der Revolution hing. Stattdessen gab er Befehl, gegen die Rebellen zu marschieren. Losung: »Gegen Demokraten helfen nur Soldaten!« Die Adelstruppen siegten, die Revolution war vorbei, die Fürsten herrschten weiter. Auf die hochfliegenden Freiheitsträume folgte alsbald Ernüchterung. Die wohlhabenden Bürger hatten die Herrschaft nicht errungen – für die ärmeren war sie sowieso nie gedacht. Doch weil sie die politische Macht nicht bekommen hatten, verlegten sich die Bürger auf die Macht des Geldes. Geld regiert die Welt.

Von England aus hatte die industrielle Revolution die Länder Europas ergriffen. Immer mehr Erfindungen, immer mehr Entdeckungen führten zu immer größerem Wirtschaftswachstum. Die kleinen Handwerker blieben auf der Strecke. Ihre Betriebe wurden von den Fabriken geschluckt, die bessere Waren mit weniger Menschen billiger herstellten. Dasselbe in der Landwirtschaft. Die großen Güter kauften die kleinen auf. Um zu überleben, zogen Landarbeiter und verarmte Handwerker in die Städte, wo sie auf Arbeit hofften. Die Zahl der Armen wuchs beständig an, Armut griff um sich. Die Reichen dagegen wurden noch reicher. Sie glaubten bedingungslos an den Fortschritt, der ihre Kassen füllte. Vor Massenarbeitslosigkeit, Kinderarbeit, Unterernährung, Krankheiten in den Arbeitervierteln der ausufernden Städte verschlossen viele die Augen.

»Der Mensch fängt erst beim Leutnant an«, sagt *Der Hauptmann von Köpenick*, und das stimmte besonders, nachdem Deutschland im Krieg von 1870 auf 1871 unter preußischem Befehl das verhasste Frankreich besiegt hatte und der Preußenkönig sich nun aus eigener Machtfülle zum Kaiser hatte ausrufen lassen. Der zackige Offizier und der stets gehorsame Beamte standen seitdem in höchstem Ansehen, zumal der Sieg zu einem weiteren Wirtschaftsschub mit noch mehr Fabrikgründungen führte. Statt Einigkeit und Recht und Freiheit herrschten Goldgräberstimmung der Gründerzeit, Gehorsam und Zucht und Ordnung. Von den Mächtigen wurde das gern gesehen, im Leben und in Büchern. Entsprechend beklatschten sie Geschichten, in denen von Menschen erzählt wird, die ihr Schicksal meistern, weil sie frohgemut und gottergeben nicht meutern, auch wenn sie im Leben nur Prügel beziehen. Alles andere dagegen bekämpften sie. Ein Tiefpunkt der deutschen Dichtung war erreicht, als gefordert wurde, ein anständiges Buch solle das wollen, was der Kaiser will. Bücher für das Volk sollten also wahrhaft gesund, kernig deutsch, national, christlich, monarchisch sein, und dies alles schön seicht süßlich eingekleidet, damit die bittere Pille auch ordentlich geschluckt wird. Bücher sollten helfen, die Menschen unter der Knute zu halten.

Kein Wunder also, dass die wenigsten der richtig guten Geschichten zu dieser Zeit in Deutschland erzählt werden: In Russland schreibt Tolstoi *Krieg und Frieden* und *Anna Karenina*, Puschkin *Die Dame mit dem Hündchen*, Dostojewski *Schuld und Sühne*, *Der Spieler*, *Der Idiot* sowie *Die Brüder Karamasow* samt der glänzenden Erzählung *Der Großinquisitor*, in Frankreich denkt sich Alexandre Dumas der Ältere *Die drei Musketiere*, *Der Graf von Monte Christo* und *Der Mann mit der eisernen Maske* aus, Dumas der Jüngere *Die Kameliendame*, Victor Hugo *Der Glöckner von Notre Dame* und Gustave Flaubert *Madame Bovary*, in Italien verfasst Stendhal *Die Kartause von Parma* und *Rot und Schwarz*, in Amerika schreibt Mark Twain *Tom Sawyer*, in England erfindet Arthur Conan Doyle Sherlock Holmes, Rudyard Kipling *Das Dschungelbuch*, Stevenson *Der seltsame Fall des Dr. Jekyll und Mr. Hyde*. Jules Vernes, Iwan Turgenjew und, und, und. Die Liste der außerhalb Deutschlands geschriebenen guten Geschichten ist lang, sehr lang. Immerhin: Es gibt Leuchtfeuer, die den Weg über das zumeist flache Meer deutschsprachiger Bücher dieser Zeit weisen. Von ihnen drei, die Gemeinsamkeiten haben.

Erstes Leuchtfeuer. 1856, im Todesjahr Heinrich

Heines, erschien ein Band Novellen von Gottfried Keller, *Die Leute von Seldwyla*, und darin die Geschichte *Romeo und Julia auf dem Dorfe*. Frei nach Shakespeares Theaterstück *Romeo und Julia* sind Sali und Vrenchen Nachbarskinder, die sich von früh an kennen und lieben. Ihre Väter, die Bauern Manz und Marti, haben nur Geld im Kopf. Eines Tages streiten sie um Land, das ihnen nicht gehört. Die beiden Liebenden geraten zwischen die Fronten der verfeindeten Familien. Ihre Heirat wird unmöglich, doch ihre Liebe ist stärker. Für einen Tag spielen sie Hochzeit, dann nehmen sie sich das Leben.

Zweites Leuchtfeuer. 1888, Theodor Storm, *Der Schimmelreiter*, die gespenstische Nordsee-Deichgeschichte vom Aufstieg und Fall des Deichgrafen Hauke Haien, der nach seinem Tod als Geist auf seinem bleichen Pferd immer dann reitet, wenn eine der Sturmfluten kommt, in die er sich einst verzweifelt gestürzt hatte. Der Schimmelreiter hatte einen neuartigen Deich zäh und verbissen ganz anders als bis dahin üblich bauen lassen und ihn gegen allen Starrsinn der Dörfler durchgesetzt. In der Flut, in der ihm Weib und Kind ertranken, brach ein alter Deich, den er wider sein besseres Wissen nur ausgebessert, nicht ersetzt hatte, weil er vom Kampf gegen Aberglaube, Überlieferung, Neid, Gewohnheit erschöpft war. Das Volk hatte dem alten Deich vertraut. Sein neuer hatte gehalten.

Drittes Leuchtfeuer. 1894, Theodor Fontane, *Effi*

Briest. Beinahe noch ein Kind, muss Effi Briest auf Wunsch der Eltern den zwanzig Jahre älteren Baron von Innstetten heiraten, denn er ist Landrat, mit der Aussicht auf mehr. Sie zieht mit ihm nach Hinterpommern. Die Ehe ist wie Innstettens Leben ruhig, aber langweilig. Als Effi Briest den Major von Crampas kennen lernt, stürzt sie sich in ein Liebesabenteuer, das sie, von schlechtem Gewissen geplagt, beendet, als Innstetten nach Berlin versetzt wird. Jahre später aber erfährt Innstetten durch ein Bündel Briefe von dem Verhältnis. Die Ehre gebietet ihm, sich mit Crampas zu duellieren, obwohl er ihn eigentlich nicht fordern will. »Ich habe keine Wahl. Ich muß.« Um seine gesellschaftliche Stellung zu retten, tötet er Crampas und lässt sich scheiden, ohne auch nur einmal mit Effi Briest zu sprechen. Ihre gemeinsame Tochter wird ihm zugesprochen, Effi Briest darf sie nicht mehr sehen. Eine Rückkehr ins Haus der Briests verbietet ihr die Mutter zunächst, weil Effi gegen Moral und guten Ton verstoßen hat. Die geächtete Effi Briest zieht in eine kleine Berliner Wohnung, in der sie zugrunde geht. Sie stirbt am Ende im Haus der Eltern, die sie kurz vor ihrem Tod wieder zu sich genommen haben. Als Effis Vater gefragt wird, wer schuld ist am Tod seiner Tochter, antwortet er mit Fontanes bekanntestem Satz: »Das ist ein weites Feld.«

Was ist das Gemeinsame der Geschichten? In jedem Fall zweierlei. Zum einen verzweifeln Sali und Vrenchen, Hauke Haien, Innstetten und Effi Briest an den kleingeistigen Vorstellungen der Gesellschaft, die sie umgibt, denn – seit *Werther* nichts Neues – in ihr zählen vor allem Geld, Ansehen, Aufstieg. Zum anderen ist es der neue Stil, in dem sie geschrieben sind: Realismus. Als Beispiel dafür der Anfang von *Effi Briest*:

> In Front des schon seit Kurfürst Georg Wilhelm von der Familie von Briest bewohnten Herrenhauses zu Hohen-Cremmen fiel heller Sonnenschein auf die mittagsstille Dorfstraße, während nach der Park- und Gartenseite hin ein rechtwinklig angebauter Seitenflügel einen breiten Schatten erst auf einen weiß und grün quadrierten Fliesengang und dann über diesen hinaus auf ein großes in seiner Mitte mit einer Sonnenuhr und an seinem Rande mit Canna indica und Rhabarberstauden besetzten Rondell warf.

Wirklichkeitsähnliche, realistische Beschreibung statt des überschwänglichen Stimmungsbildes, das die Romantiker so geliebt hatten. Aber aufgemerkt: Beim Begriff »Realismus« ist einige Vorsicht geboten. Nur zu gern wird er mit dem ihm folgenden Naturalismus verwechselt, der auf das Genaueste die Lebenswirklichkeit und Lebensbedingungen seiner Zeit, besonders die hässlichen Seiten, schilderte. Der Realismus wollte davon lieber nicht zu viel wissen, und obwohl Fontane *Effi Briest* einem wirklichen Geschehen nachbildete, hatte auch er im Allgemeinen nicht die Absicht, allzu sehr anzuecken und zu erschüttern. Das war vielen Schriftstellern viel zu bieder, und ihr Widerspruch ließ nicht lange auf sich warten. Gerhart Hauptmann, *Die Weber*.

Lappärsche seid ihr. Haderlumpe

Gerhart Hauptmann

Die erste Aufführung von Gerhart Hauptmanns *Die Weber* war 1893 wegen der zum Klassenhass zwischen Arm und Reich aufreizenden Schilderungen verboten worden. Hauptmann klagte dagegen vor Gericht, weil das Stück seiner Meinung nach kein Revolutionsdrama, sondern ein Aufruf zum Mitleid der Besitzenden sei, und er bekam Recht. 1894, das Jahr, in dem *Effi Briest* entstand, waren *Die Weber* dann wieder zu sehen. Der deutsche Kaiser Wilhelm II. besuchte die Aufführung am Deutschen Theater in Berlin und kündigte danach wütend seine Loge.

1844 hatten schlesische Weber eine Webfabrik angegriffen und die mechanischen Webstühle zerstört, die ihnen Lohn und Brot nahmen, weil sie Waren billiger herstellten als die klapprigen Handwebstühle, die in ihren Hütten standen. Die Revolte der Weber war rasch und blutig von preußischen Truppen niedergeschlagen worden, doch Erzählungen über dieses Ereignis wurden weitergereicht. So auch an Gerhart Hauptmann, dessen Großvater selbst in Schlesien als Weber gearbeitet hatte. Er nutzte die Schilderungen seines Großvaters für das Stück, in dem er bis hin zur Sprache der Weber alles möglichst genau verarbeitete, was er über die Geschichte des Aufstands in Erfahrung brachte. Die ursprüngliche Fassung des Stückes war daher sogar in Schlesisch geschrieben, das für die Aufführung dem Hochdeutschen allerdings so weit angeglichen wurde, dass die Weber gerade noch zu verstehen waren. Die brutal niedergeschlagene Rebellion der Weber hatte vor Gerhart Hauptmann schon Heinrich Heine zu seinem Weberlied *Die schlesischen Weber* angeregt:

Im düstern Auge keine Träne,
Sie sitzen am Webstuhl und fletschen die Zähne:
Deutschland, wir weben dein Leichentuch,
Wir weben hinein den dreifachen Fluch –
Wir weben, wir weben!

Ein Fluch dem Gotte, zu dem wir gebeten
In Winterskälte und Hungersnöten;
Wir haben vergebens gehofft und geharrt,
Er hat uns geäfft und gefoppt und genarrt –
Wir weben, wir weben!

Ein Fluch dem König, dem König der Reichen,
Den unser Elend nicht konnte erweichen,
Der den letzten Groschen von uns erpreßt
Und uns wie Hunde erschießen läßt –
Wir weben, wir weben!

Ein Fluch dem falschen Vaterlande,
Wo nur gedeihen Schmach und Schande,
Wo jede Blume früh geknickt,
Wo Fäulnis und Moder den Wurm erquickt –
Wir weben, wir weben!

Auch in Gerhart Hauptmanns *Die Weber* bleibt den Heimarbeitern nichts anderes übrig, als für einen Hungerlohn weiterzuarbeiten. Als der Familie Baumert ein Hund zuläuft, schlachtet sie ihn, damit zum ersten Mal nach zwei Jahren wieder Fleisch in der Pfanne brät. Als der alte Baumert endlich davon essen darf, wird ihm vom ungewohnten Fleisch schlecht. Er erbricht sich. Die Wut kocht bei den Webern hoch, bis sie erst die Villa des Fabrikanten plündern und dann dessen Webstühle zerstören. Der alte Hilse aber lehnt den Aufstand ab. Er ermahnt seinen Sohn Gottlieb, nicht mitzutun, weil Aufstand gegen die Obrigkeit gottloses Satanswerk sei. Gottliebs Frau Luise packt darauf der Zorn. Als Beispiel des Klangs der Webersprache ihre Schimpfrede auf die beiden:

> Euch is nich zu helfen. Lappärsche seid ihr. Haderlumpe, aber keene Manne. Gattschliche zum Anspucken. Weechquarkgesichter, die vor Kinderklappern Reißaus nehmen. Kerle, die dreimal »scheen Dank« sagen fer 'ne Tracht Priegel.

Das Stück ist vorbei, als die Truppen anrücken, doch Hauptmann bietet keine Hoffnung auf ein gutes Ende, denn ausgerechnet der alte Hilse wird am Schluss erschossen. Hauptmann blieb unversöhnlich, weil die Wirklichkeit des Aufstands unversöhnlich war, und die Wirklichkeit abzubilden war Hauptmanns Ziel. Das neue Modewort dafür hieß Naturalismus, dessen

Bedeutung der Schriftsteller Arno Holz auf eine einfache Formel brachte: Kunst = Natur – x. Je kleiner x, desto genauer die Abbildung der Natur, desto größer der Wert der Kunst. Holz benutzte für die Erklärung nicht umsonst eine rechnerische Darstellung, verfolgte doch der Naturalismus die Absicht, neue Erkenntnisse und Methoden der Naturwissenschaften auf die Schreibkunst zu übertragen, denn, so Arno Holz, die Welt ist nicht mehr klassisch oder romantisch, sie ist modern, und modern hieß wissenschaftlich.

Nachdem Charles Darwin mit seinem Buch über die Abstammung des Menschen die jahrhundertealte Glaubensgewissheit erschüttert hatte, dass Gott den Menschen erschuf, begann Sigmund Freud damit, das Unterbewusste des Menschen zu erforschen, und die neue Wissenswelt, die er erschloss, führte zu der Einsicht: Der Wille des Menschen ist nicht frei. Er ist abhängig von der Umgebung, dem Milieu, in das er hineingeboren wird, abhängig vom Geschlecht, abhängig von den Erbanlagen, die ihm mitgegeben sind. Im Falle von Hauptmanns Webern hieß das, sie handeln nicht frei, sie werden von den Umständen zum Aufstand getrieben, ihr Schicksal ist vorherbestimmt. Deshalb tragen sie keine Schuld an ihrem Handeln. Die Schuld liegt bei dem, der sie zum Aufruhr zwingt, und das wiederum bedeutet: Nicht der Aufstand muss niedergeschlagen werden, sondern die Verhältnisse müssen gebessert werden, in denen die Weber leben. Doch daran rührten weder Besitzende noch Kaiser.

Die Schere zwischen Arm und Reich ging immer weiter auseinander, die Gesellschaft verfiel immer mehr, und ein Roman brachte diesen Niedergang auf den Punkt. Thomas Mann, *Buddenbrooks. Verfall einer Familie*.

Vor Thomas Mann jedoch ein Einschub zu einem Autor, der gerne weggelassen wird, weil er angeblich nur Unterhaltungsbücher schrieb. Aber was heißt schon nur, schließlich bereitet ein gut gemachter Thriller, englisch für Reißer, ein guter Krimi oder guter Zukunftsroman oft lesevergnüglichere Stunden als ein für die Geschichte des Schreibens wichtiges Buch. Und daher kurz zu Karl May. Den weitaus meisten Lesern stand auch damals der Sinn nach unglaublichen Abenteuern und fernen Ländern. Schnulzige Liebesgeschichten und herzerweichende Schmachtfetzen wurden massenhaft auf den Markt geworfen, weil die Leser nach Traumwelten gierten, um wenigstens lesend dem erbärmlichen Leben zu entfliehen. Daran hat sich bis heute nichts geändert. Groschenhefte, Illustrierte, Arzt- und Liebesromane erzielen riesige Auflagen, und die höchsten Auflagen hatte seinerzeit der ausgerechnet in einer Weberstube aufgewachsene Karl May.

Ich bin wirklich Old Shatterhand

Karl May

Ich spreche und schreibe: französisch, englisch, italienisch, spanisch, griechisch, lateinisch, hebräisch, rumänisch, arabisch 6 Dialekte, persisch, kurdisch 2 Dialekte, chinesisch 6 Dialekte, malayisch, Namaqua, einige Sunda-Idiome, Suaheli, hindustanisch, türkisch, und die Indianersprachen der Sioux, Apatschen, Komantschen, Snakes, Uthas, Kiowas, nebst dem Ketschumany 3 südamerikanische Dialekte. Lappländisch will ich nicht mitzählen.« Nichts davon stimmte. Besuchern drückte er eine Visitenkarte in die Hand: Dr. Karl May, genannt Old Shatterhand. Er hatte keinen Doktor, seine unter Lebensgefahr bestandenen Abenteuer waren erlogen, sein Wissen über ferne Länder und fremde Sitten stammte aus Büchern, die drei berühmtesten Gewehre des Westens, den Bärentöter, die Silberbüchse und den Henrystutzen, die er herumzeigte, hatte ein Büchsenmacher in Dresden gefertigt, Winnetous schwarze Haare, die er verschickte, waren Pferdehaar.

Das wirkliche Abenteuer des Karl May war sein eigenes Leben. Er, der *Durchs wilde Kurdistan* zum *Schatz im Silbersee* unterwegs war, *Unter Geiern* gelebt hatte, mit *Winnetou* und Hadschi Halef Omar befreundet gewesen war, mit dem *Schut* gekämpft, all die Abenteuer, die er auf Abertausenden Seiten beschrieben hatte, selbst bestanden haben wollte, war aus seinem heimatlichen Sachsen so gut wie nie herausgekommen. »Ich bin wirklich Old Shatterhand resp. Kara ben Nemsi und habe erlebt, was ich erzähle« war seine Lebenslüge, mit der er versuchte, seine düstere Vergangenheit zu verbergen.

Karl May war als eines von vierzehn Kindern 1842 geboren worden. Neun Geschwister starben früh. Der Vater war Weber, doch weil mit Weben das tägliche Brot schon längst nicht mehr zu verdienen war, nähte die Familie zu Hause nebenbei noch Leichenhandschuhe. Hunger führte bei Karl May zu einer Augenentzündung, an der er beinahe erblindete. Mit fünf war Karl Mays Kindheit vorbei. Weil der Vater sich für Kaiser und Soldaten begeisterte, ließ er den Sohn strammstehen und exerzieren, und Karl May musste neben der Schule Berge von Büchern abschreiben, Orgel, Klavier und Geige lernen, damit aus ihm was Ordentliches werde. Das dafür nötige Geld hatte er sich selbst zu besorgen. In einer Spelunke bediente er deshalb die Besoffenen, stellte auf einer Kegelbahn die Kegel auf und trank die Branntweinreste aus.

Karl May überstand die Zwergschule mit einem Klassenzimmer für alle dennoch so gut, dass man ihn zur Lehrerausbildung schickte. Als er jedoch Talglichter aus dem Klassenzimmer mitgehen ließ, damit wenigstens an Weihnachten einmal die häusliche Weberstube heimelig aussah, wurde er erwischt. Er war achtzehn, als er von der Schule flog. Tief beschämt schrieb Karl May ein Gnadengesuch, und weil dies angenommen wurde, bestand er doch noch die nötigen Prüfungen und fand eine Stelle als Hilfslehrer. Schon nach zwei Wochen aber wurde er nach einer

Anzeige seines Zimmerwirts entlassen, weil er dessen junger Gattin schöne Augen gemacht hatte. Doch Karl May hatte Glück. Er wurde erneut als Hilfslehrer bei einer Fabrikschule angestellt und hauste mit dem Buchhalter in einer Kammer. Sein Zimmergenosse lieh ihm für den Unterricht seine Taschenuhr, aber eines Abends kam Karl May nicht wieder. Er war mitsamt Uhr, Zigarettenspitze und Tabakspfeife des Buchhalters nach Hause gefahren, um mit ihnen zu prahlen, wie weit er es schon gebracht hatte. Karl May wurde aus einer Schänke heraus verhaftet. Sechs Wochen Stadtgefängnis bekam er aufgebrummt, und als ehemaligen Häftling stellte ihn niemand mehr ein. Um seine Haft zu vertuschen, behauptete Karl May Jahre später, er sei damals im Wilden Westen gewesen und von den Apatschen aus den Händen der Kiowa befreit worden, als Gefangener der Sioux habe er sich selbst gerettet. Nichts davon entsprach der Wahrheit. Doch je tiefer er fiel, desto mehr gab er an. Karl May wurde Hochstapler.

Er mimte den Augenarzt, ließ sich neue Kleider machen, behandelte den Hausgenossen des Schneiders und verschwand. Ein anderes Mal gab er sich als Lehrer aus, bestellte teure Pelze, mit denen er sich aus dem Staub machte. Nachdem er ein zweites Mal einen Pelz erschwindelt hatte, wurde er geschnappt und zu vier Jahren Arbeitshaus verurteilt, wo er Geld- und Zigarrentaschen nähte und die Gefängnisbücherei verwaltete. Dass er in diesen Jahren lange über den

Büchern brütete und Geschichten schrieb, die so gut waren, dass sie sich leicht verkaufen ließen, war wiederum reine Angeberei. Nachdem er freigelassen worden war, wurde Karl May noch dreister. Er trat als Polizist auf, forderte einen Krämer auf, die Kasse zu öffnen, beschlagnahmte alles als Falschgeld, und gleich noch die goldene Uhr dazu. Bei einem Seilermeister zog er die Schau noch mal ab, doch der war schlauer als das erste Opfer. Der Betrogene setzte dem fliehenden Karl May nach, der den Seiler nur abschüttelte, weil er ihn mit einer Pistole bedrohte. Und immer so weiter. Karl May klaute Billardkugeln, dann ein Pferd, das er einem Pferdeschlächter andrehte, bei einem Einbruch erbeutete er ein Handtuch und ein Zigarrenpfeifchen. Er wurde wieder gefasst und bekam vier Jahre Zuchthaus.

Karl May saß die Strafe ab, danach jedoch nutzte er, was er als Schwindler gelernt hatte. Er erfand Geschichten, diesmal aber schrieb er sie auf und wurde sie tatsächlich los. Doch ehe er sich ganz aufs Bücherschreiben verlegte, wurde Karl May zuerst mit Fortsetzungsgeschichten für billige Hefte und Zeitschriften bekannt, denn bei ihm jagte eine Geschichte die nächste, kaum eine mit weniger als hundert Folgen. 12 000 Heftseiten schrieb er in wenigen Jahren, oft zehn Seiten am Tag, und eine knalliger als die andere, denn Massen von Lesern lechzten nach Massen von Heldentaten und Liebesabenteuern. Der Unterhaltungsroman kam in Schwung, wie überhaupt das neunzehnte Jahrhundert das Jahrhundert des Romans war, der seitdem seinen führenden Platz in der Buchgeschichte behauptet hat, obwohl Romane vor ihrem Aufstieg als abscheulicher Schwindelkram galten.

Der Begriff »Roman« bezeichnete ursprünglich mittelalterliche Ritterabenteuer, die in der französischen Volkssprache geschrieben waren, die »romanz« hieß. Nachdem die Ritterromane überall in Europa beliebt geworden waren, wendete man den Begriff vor allem auf Geschichten an, die nicht in Reimen erzählt wurden. Als diese Ritterabenteuer jedoch mit immer versponneneren und unglaubwürdigeren Heldentaten aufwarteten, verkam der Begriff »Roman« für Jahrhunderte zum Schimpfwort. Noch Goethe benutzte das Wort verächtlich, als er die neu aufkommende, gegen ihn eingenommene Schreibbewegung um Novalis und Ludwig Tieck als Romantik bezeichnete.

Gerade Goethe aber hatte mit seinem *Werther* zum Aufschwung des Romans beigetragen. Hatten die Zeitalter vor Goethe noch das Gedicht als höchste Schreibkunst gelobt, änderte sich diese Sicht wiederum mit der Aufklärung. Romane verfolgten dieselben Ziele wie das Theater. An die Stelle adliger Abenteurer, galanter Liebhaber, ritterlicher Helden trat der Bürgerliche. Der schwülstige höfische Adelsroman, der aus dem Ritterroman hervorgegangen war, wurde belächelt. Daher sah auch Goethe den *Don Quijote* des Cervantes als herausragend an, weil dessen verschrobener Held allmählich verrückt wird, als er die

Rittergeschichten für bare Münze nimmt und mitsamt Knappen Sancho Pansa und edlem Streitross, der Mähre Rosinante, den Rittern nacheifert. Die Tage der Ritterromane waren vorbei, und an ihrer Stelle standen Bildungs- und Erziehungsromane hoch im Kurs, in denen sich der Held aus den Niederungen zu immer höheren geistigen Weihen emporschwingt. Goethes *Wilhelm Meisters theatralische Sendung* und *Wilhelm Meisters Lehrjahre* gelten als Musterbeispiele dafür. Doch lesenswerter, weil weit ergreifender, ist zweifelsohne *Anton Reiser* von Karl Philipp Moritz oder noch besser Jean Pauls *Leben des vergnügten Schulmeisterlein Maria Wutz in Auenthal*, weil es Jean Paul darin wie keinem sonst gelingt, mit viel Witz viel Mitleid zu erzeugen. So wirksam die Aufklärung aber war – die Lust am Schaurigen, an Gespenstern, an großen Wagnissen, an großen Lieben hielt sich zäh, und so entwickelten sich neben dem ernsten Roman, der Menschen in der wirklichen Gesellschaft beschrieb, ebenso der unterhaltsame historische Roman, der Horror-, Kriminal-, Zukunfts-, Liebes- und eben der Abenteuerroman, mit dem Karl May wie niemand vor ihm erfolgreich war.

Sitting Bull hatte General Custer am Little Bighorn besiegt, Buffalo Bill Cody reiste mit seiner Wildwestschau durch Europa, Trapper und Indianer waren beliebt, und weil Karl May vom Schnulzenschreiben genug gehabt hatte, wandte er sich dem Wilden Westen zu. Er erfand Old Firehand, der dem Apatschen

Winnetou begegnet, zu dem sich schon bald Old Shatterhand und Old Surehand gesellten. Als sich Karl May dann noch das Morgenland erschloss und Kara ben Nemsi zusammen mit Hadshi Halef Omar ben Hadshi Abul Abbas ben Hadshi Dawud al Gossara auftrat, war sein gewaltiger Erfolg nicht mehr aufzuhalten, denn mit ihnen allen gewann er nicht nur die Erwachsenen als Leser, sondern ebenso die Jugendlichen. Alle warteten gleichermaßen gespannt auf immer Neues von ihm, denn Karl May schrieb nicht bloß kurzweilig, er war für sie der große Abenteurer, der an ihrer statt die haarsträubenden Abenteuer bestand, die sie selbst gern erlebt hätten. Bilder, die Karl May als Kara ben Nemsi verkleidet zeigten, gingen weg wie warme Semmeln. Er erschrieb sich das Geld, mit dem er nun tatsächlich selber ins Morgenland reisen konnte, um fleißig Postkarten nach Hause zu schicken, die beweisen sollten, dass er wieder einmal unterwegs war. Doch nach und nach sickerte durch, dass seine Geschichten samt und sonders erfunden waren.

Die Meute fiel über ihn her, Stück für Stück wurde seine zwielichtige Vergangenheit ausgegraben. In einer wahren Schlammschlacht wurde zutage gefördert, dass er keineswegs der große Wildwestmann und Wüstenreisende war, dass er seine Leser betrogen hatte. Kübelweise wurde Häme über ihn ausgegossen. So fürchterlich sein Absturz jedoch war, seine edlen Wilden, die Westmänner, die tapfer, aufrecht, treu, gerecht für das Gute kämpfen, überlebten den Absturz ihres Erfinders, weil ihnen insbesondere die Jugendlichen die Treue hielten. Karl May, gestorben 1912, beschrieb, wovon sie träumten, und damit wurde er trotz aller Vorläufer der eigentliche Begründer des Jugendbuchs. Apropos Jugendbuch. Zu diesem Stichwort am Ende des Einschubs allerdings eine Warnung: Finger weg von weichgespülten Ausgaben, bereinigten oder eigens für Jugendliche umgeschriebenen Büchern! Märchen der Gebrüder Grimm, wie *Hänsel und Gretel*, sind brutal, *Die kleine Meerjungfrau* oder *Das Mädchen mit den Schwefelhölzern* von Hans Christian Andersen sind grausam, Charles Dickens' *Master Humphries Wanduhr* und *Oliver Twist* sind gewitzt böse und bestürzend, in Robert Louis Stevensons *Die Abenteuer des David Balfour* wird betrogen, gestohlen, entführt, Honoré de Balzacs *Tolldreiste Geschichten* strotzen vor Sinnlichkeit und Jonathan Swifts *Gullivers Reisen* ist aufrührerisch. Daran ist nichts zu beschönigen und schon rein gar nichts zu ändern. »Schluß, Punkt, Streusand«, sagt Erich Kästner.

Faul, verstockt, verhasst bei den Lehrern

Thomas und Heinrich Mann

Im Jahr 1893, als Gerhart Hauptmanns *Weber* erstmals auf die Bühne kamen, verließ ein junger Mann von achtzehn Jahren die weiterführende Schule, für die er mit Ach und Krach ein Abschiedszeugnis erhielt. Er habe eine dunkle, schimpfliche Vergangenheit, schrieb er später, sei ein verkommener Gymnasiast gewesen, der seine Jahre in der Mittelstufe absaß, ohne damit zur Oberstufe zu kommen. Er war ein schlechter Schüler, ein sehr schlechter. »Nicht daß ich durchs Abiturientenexamen gefallen wäre, – es wäre Aufschneiderei, wollte ich das behaupten. Sondern ich bin überhaupt nicht bis Prima gelangt; ich war schon in Sekunda so alt wie der Westerwald. Faul, verstockt und voll liederlichen Hohns über das Ganze, verhaßt bei den Lehrern.« Vier Jahre darauf begann er aber ein Buch zu schreiben, das ihm 1929 die weltweit angesehenste Auszeichnung für Schriftsteller einbrachte, den Nobelpreis für Literatur, gestiftet von Alfred Nobel, der mit Sprengstoff sein Vermögen gemacht hatte. Der Name des jungen Mannes war Thomas Mann, das Buch hieß *Buddenbrooks. Verfall einer Familie*.

Die *Buddenbrooks*, Hunderte von Seiten, Dutzende von Figuren, Schauplätzen, Handlungssträngen in sieben Sätzen: Der Kaufmann Johann Buddenbrook begründet in Lübeck den Aufstieg der Familie zu Geltung, Einfluss und Reichtum. Sein Sohn bringt das Geschäft weiter nach oben, dessen Sohn wiederum führt die Familie auf den Gipfel ihres Ansehens, doch er zweifelt am Sinn des immer gleichen Geldverdienens. Schuften und Ackern für das Geschäft wird ihm immer mehr zur Last. Er lässt die Zügel schleifen, die Geschäfte lassen nach, der Abstieg beginnt. Mit seinem Sohn Hanno kommt das Ende der Familie. Ihm steht der Sinn nach Kunst, nicht nach Geschäft, das ihm zuwider ist. Hanno, künstlerisch begabt, empfänglich und empfindlich, hat nichts mehr von der Strenge, dem Fleiß und Willen zum Erfolg seiner Vorfahren. Er stirbt jung, mit fünfzehn Jahren.

Der Verfall einer Familie als Spiegel des Verfalls der Gesellschaft ist auch die Geschichte der Familie des Thomas Mann. Hundert Jahre, bevor Thomas Mann mit den *Buddenbrooks* begann, wurde sein Urgroßvater, Getreidehändler Johann Siegmund Mann, Bürger von Lübeck. Die Geschäfte gingen mehr als gut. Sein Sohn führte sie weiter, dessen Sohn wurde Ratsherr in Lübeck, doch kurz vor seinem Tod verfügte er, das Handelshaus aufzulösen, weil er seinen Söhnen nicht zutraute, das Geschäft zu leiten. Die erbenden Söhne hießen Heinrich und Thomas Mann.

Als die *Buddenbrooks* herauskam, waren die Lübecker entsetzt, denn Thomas Mann hatte ordentlich vom Leder gezogen und die großbürgerlichen Kaufleute auf die Schippe genommen. Ganze Listen wurden herumgereicht. Links standen die Namen der Figuren, rechts die Namen der Vorbilder. »Ein trauriger Vogel, der sein Nest beschmutzt«, schimpfte selbst sein eigener Onkel. Thomas Mann hatte Lübeck da längst verlassen. Er war herumgereist, hatte sich in

Kaffeehäusern herumgetrieben und ein Jahr lang halbherzig im Büro einer Feuerversicherung gearbeitet. Doch Thomas Mann war zugleich ehrgeizig geworden, so sehr, dass sich ihm, wie er schrieb, vor Ehrgeiz bisweilen der Magen umdrehte, und spätestens mit dem ungeahnten Erfolg der *Buddenbrooks* hatte er zwei Ziele: Thomas Mann wollte der Stellvertreter Goethes auf Erden sein, so gut wie Goethe, so erfolgreich, so anerkannt, und er wollte das Großbürgerliche seiner Familie erhalten. Thomas Mann trug deshalb vorzugsweise Frack und führte ein gutbürgerlich geordnetes Leben, auch im Schreiben. Vormittags von neun bis zwölf gehörte dem Schreibtisch, nicht mehr und nicht weniger. Schreiben fiel ihm nicht leicht, Wort für Wort, Satz für Satz wog er ab, denn er betrachtete seine Werke gleichsam als Musik, die nur dann zum Kunstwerk wird, wenn jede Note gut gesetzt ist. »Was mich betrifft, so heißt es Zähne zusammenbeißen und langsam Fuß vor Fuß setzen – heißt es Geduld üben, den halben Tag müßig gehen, sich schlafen legen und abwarten, ob es nicht morgen bei ausgeruhtem Kopf doch vielleicht besser wird.« Dennoch kamen so einhunderttausend Seiten zusammen, dazu Briefe über Briefe, Aufsätze und Reden. Das Echo aber, das die *Buddenbrooks* hervorgerufen hatten, vernahm Thomas Mann nur noch selten.

Das »sagte er«, »dachte er«, »meinte er« der Romane Thomas Manns hielten viele seiner schreibenden Zeitgenossen für überlebt. Thomas Mann wurde vorgeworfen, er schreibe unbedeutend gedrechselt, das »Breitbürgerliche« bei ihm verfette die Kunst, er sei ein mittlerer Schreiberling, der seine Romane zusammenstopple, ein feines, etwas dünnes Seelchen, dessen Schreibkunst im Sitzfleisch wurzle. Die schreibende Zunft hatte längst eine härtere Gangart angeschlagen und nach immer neuen Ausdrucksformen gesucht, und sie gefunden. Der herkömmliche stete Fluss des Erzählens von A nach Z hatte sich in viele verschiedene Bäche aufgespalten. Die moderne Zeit suchte nach modernen Schreibspielarten, und eine der bemerkenswertesten war Arthur Schnitzlers so genannter innerer Monolog, ein inneres Selbstgespräch, mit dem er die Geschichte des *Leutnant Gustl* als Strom lose fortlaufender Gedanken erzählte: Gustl war von einem Bäckermeister als dummer Bub beschimpft worden. Seine Offiziersehre gebietet ihm, den Bäckermeister zum Duell zu fordern. Weil der aber nicht von Stand ist und damit gar nicht gefordert werden kann, sieht Gustl nur den Ausweg, sich selbst zu erschießen, um seine Ehre reinzuwaschen. Doch er hat Glück. Den Bäckermeister hat der Schlag getroffen, als Gustl noch über sein eigenes Begräbnis sinniert:

> Ob die Steffi mir Blumen bringen wird? – Aber fallt ihr ja gar nicht ein! Die wird grad' hinausfahren … Ja, wenn's noch die Adel' wär' … Nein, die Adel'! Mir scheint, seit zwei Jahren hab' ich an die

nicht mehr gedacht ... Mein Lebtag hab' ich kein Frauenzimmer so weinen geseh'n ... Das war doch eigentlich das Hübscheste, was ich erlebt hab' ... So bescheiden, so anspruchslos, wie die war – die hat mich gern gehabt, da könnt' ich drauf schwören. – War doch was ganz anderes, als die Steffi ... Ich möcht' nur wissen, warum ich die aufgegeben hab' ... so eine Eselei! Zu fad ist es mir geworden, ja, das war das Ganze ... So jeden Abend mit ein und derselben ausgeh'n ... Dann hab' ich Angst g'habt, daß ich überhaupt nimmer loskomm'.

Schnitzlers »Gedankenstrom« war nicht die einzige Neuerung der Zeit vor und nach der Jahrhundertwende. Thomas Mann aber behielt seinen Schreibstil unbeirrt bei, mit dem ihm auch weiterhin Ungewöhnliches gelang. Nur ein weiteres Beispiel: *Der Zauberberg*. Der junge, wohlhabende Kaufmannssohn Hans Castorp besucht seinen kranken Vetter Joachim Ziemßen in einer Lungenheilanstalt von Davos in den schweizerischen Bergen. Drei Wochen will er bleiben, doch die Heilanstalt auf dem Zauberberg, Krankheit, Tod, der allmähliche Verfall der Körper der Patienten üben ihren eigenen Reiz auf ihn aus. Er drängt darauf, selbst als krank aufgenommen zu werden. Aus dem Besuch werden sieben Jahre in einer vom Flachland völlig abgeschlossenen Welt. Die Menschen, die er trifft, faszinieren ihn. Liebe, Eifersucht, Hass, bedingungslose Hingabe, Kunst, Geld, Prasserei – Thomas

Mann schlägt jede Glocke an, die das menschliche Leben zum Erklingen bringt, am Ende aber steht unweigerlich das Aus. Ähnlich den *Buddenbrooks* gibt die kleine Welt der Heilanstalt erneut die große wieder, denn so wie sich die Lungen der Kranken zersetzen, bis sie sterben, genauso verfiel die Gesellschaft des Kaiserreichs, aus der sie stammen. Hans Castorp wird entlassen, als der Erste Weltkrieg ausbricht. Ob er überlebt, ist ungewiss. »Wir möchten nicht hoch wetten, daß du davonkommst.«

Für Millionen von Soldaten – Franzosen, Deutsche, Italiener, Russen, Amerikaner, Engländer – standen die Wetten zwischen 1914 und 1918 schlecht. Sie verbluteten im sinnlosen Stellungskrieg, in Schützengräben oder Bunkern, niedergemäht von Maschinengewehren, erstickt am Giftgas, zerbombt von den ersten Doppeldeckern, zerdrückt von den ersten Panzern. Am Anfang des Krieges jubelten die Massen des seit der Gründerzeit reich und überheblich gewordenen Deutschland ihrem Kaiser Wilhelm zu, der sie in einen Krieg führte, welcher vor allem wieder gegen das verhasste Frankreich ging, doch am Schluss fegten dieselben Massen, zermürbt von hunderttausendfachem Tod, Hunger und Seuchen, das alte Kaiserreich hinweg. Mit dem Ende des Ersten Weltkriegs kam die Weimarer Republik, die nach der Stadt benannt wurde, in der ihre bürgerliche Verfassung entstand. Die Kaiserzeit war vorbei, der Adel wurde entmachtet, die Bürger waren an der Macht.

Nach seinem Erfolgsroman um die Familie Buddenbrook war Thomas Mann lange nichts mehr gelungen. Sein Bruder Heinrich Mann dagegen hatte ihm noch vor dem Ersten Weltkrieg mit dem Roman *Professor Unrat oder Das Ende eines Tyrannen* den Rang abgelaufen. Der Roman wurde unter dem Titel *Der blaue Engel* verfilmt, und der Film ist am Ende bekannter geworden als das Buch, vor allem wegen der schönen Beine der Marlene Dietrich, die darin als »Barfußtänzerin« Fröhlich singt »Ich bin von Kopf bis Fuß auf Liebe eingestellt«. Aber zum Buch: Der Tyrann ist der Gymnasialprofessor Raat. »Da er Raat hieß, nannte die ganze Stadt ihn Unrat.« Unrat ist verschroben, aber gefährlich, denn er triezt seine Schüler, wo er kann. Er macht sie fertig und erzieht sie getreu seinem eisernen deutschen Weltbild zu braven Untertanen, Kirchentreue, striktem Gehorsam und starren Sitten. Gerade damit aber haben seine Schüler wenig am Hut. Als er erfährt, dass einer von ihnen die zweifelhafte Bar »Blauer Engel« aufsucht, in der die Fröhlich auftritt, schleicht er hinterher, um ihn in die Mangel zu nehmen. Es kommt anders. Unrat verliebt sich in die Fröhlich, besucht nun seinerseits ständig die Bar und wird zum Gespött der Stadt. Er heiratet die Tänzerin, wird aus dem Schuldienst entlassen und vergisst die eigene Sittenstrenge. Er macht sich mit seiner Frau ein schönes Leben und verschuldet sich immer mehr, um sie nicht zu verlieren. Mehr noch: In den Ferien sammelt sich um ihn die »Rotte Unrat«.

Mit Glücksspiel und Ausschweifungen machen sie die Stadt unsicher, bis sogar deren Würdenträger in die Gelage verstrickt werden. Aus dem Schultyrannen ist ein Freigeist geworden. Als die Fröhlich aber seinen ehemals verhasstesten Schüler zum Stelldichein empfängt, greift Professor Unrat nach dessen Brieftasche, weil er für die kostspielige Frau Raat dringend Geld braucht. Unrat wird angezeigt und verhaftet.

Kaum einer hatte vor Heinrich Mann einen Schülerschreck so gekonnt lächerlich gemacht, ohne ihm Mitleid ganz zu versagen. Das zog bei den Lesern. Der von Ehrgeiz zerfressene Thomas Mann wurde eifersüchtig auf den Erfolg seines Bruders, doch hinter dem Bruderzwist steckte mehr, denn Heinrich Mann hatte ihn zutiefst verletzt. Thomas Mann, verheiratet, sechs Kinder im Laufe seines Lebens, stand im Grunde auf Jungs. Heinrich Mann, dem das Schreiben und die Frauen leichter fielen als ihm, beleidigte ihn durch Verständnislosigkeit. »Ne tüchtige Schlafkur mit einem leidenschaftlichen, noch nicht allzu angefressenen Mädel – das wird ihn kurieren.« Thomas Mann hielt seine Neigung fortan zeitlebens unter Verschluss. Er gab ihr nicht nach, verbarg sie hinter der bürgerlichen Fassade aus eigener Villa, Schreiberfolg und Familie.

Der Erste Weltkrieg entzweite die Brüder dann endgültig. Thomas Mann stand auf des Kaisers Seite, in den Krieg musste er nicht. Er wurde ausgemustert und notierte insgeheim erleichtert: »Ein Dichter ist, kurz gesagt, ein auf allen Gebieten ernsthafter Tätigkeit unbedingt unbrauchbarer, einzig auf Allotria bedachter, dem Staate nicht nur nicht nützlicher, sondern sogar aufsässig gesinnter Kumpan, der nicht einmal sonderliche Verstandesgaben zu besitzen braucht.« Heinrich Mann dagegen war bedingungsloser Kriegsgegner, der den Kadavergehorsam gegenüber dem Kaiser verabscheute. Noch während des Ersten Weltkriegs schrieb er daher den Roman *Der Untertan*. Das Buch erschien 1918, der Krieg war vorbei, und Thomas Mann redete jahrelang nicht mehr mit Heinrich, denn dieser wurde in Deutschland noch berühmter, weil er den Untertanengeist derer bloßstellte, die zu allen Zeiten nach oben buckeln und nach unten treten, wie sich das Professor Unrat für seine Schüler gewünscht hatte. Dazu eine beispielhafte Szene aus dem Roman. Der »Untertan«, Diederich Heßling, peinigt den einzigen Juden seiner Klasse und wird vom neuen Lehrer dafür gelobt. Er baut aus Klötzen ein Kreuz auf dem Lehrerpult und zwingt den Jungen, angefeuert von seinen Mitschülern, davor niederzuknien. Der Beifall berauscht Heßling, er macht ihn stark:

> Nach dem Verrauchen des Rausches stellte wohl leichtes Bangen sich ein, aber das erste Lehrergesicht, dem Diederich begegnete, gab ihm allen Mut zurück; es war voll verlegenen Wohlwollens. Andere bewiesen ihm offen ihre Zustimmung.

> Diederich lächelte mit demütigem Einverständnis zu ihnen auf. Er bekam es leichter seitdem. Die Klasse konnte die Ehrung dem nicht versagen, der die Gunst des neuen Ordinarius besaß. Unter ihm brachte Diederich es zum Primus und zum geheimen Aufseher. Wenigstens die zweite dieser Ehrenstellen behauptete er auch später. Er war gut Freund mit allen, lachte, wenn sie ihre Streiche ausplauderten, ein ungetrübtes, aber herzliches Lachen, als ernster junger Mensch, der Nachsicht hat mit dem Leichtsinn – und dann in der Pause, wenn er dem Professor das Klassenbuch vorlegte, berichtete er. Auch hinterbrachte er die Spitznamen der Lehrer und die aufrührerischen Reden, die gegen sie geführt worden waren.

»Er benahm sich als pflichtmäßiger Vollstrecker einer harten Notwendigkeit«, so schließt die Szene. Das Ende dieser Geschichte wird hier nicht verraten, dafür das Ende des Streits zwischen Thomas und Heinrich Mann. Wirklich ausgesöhnt haben sich die ungleichen Brüder nie, doch sie kamen sich wieder näher, als am Ende der Weimarer Republik, die nur fünfzehn Jahre bestanden hatte, der Untertanengeist, der in den Schulen, den Beamtenstuben, den Angestelltenbüros so lange gezüchtet worden war, böse Früchte trug und aus »pflichtmäßigen Vollstreckern« Adolf Hitlers bereitwillige KZ-Aufseher wurden.

Die Folgen aus Untertanenbuckelei, Judenquälerei,

Spitzelunwesen und Verrätertum, vor denen Heinrich Mann so eindringlich gewarnt hatte, waren Alltag geworden, nachdem Hitlers NSDAP, die Nationalsozialistische Deutsche Arbeiterpartei, 1933 die Macht übernommen hatte. Heinrich Mann wurde für sein »zersetzendes« Schreiben verfolgt, bis er alles verlor und wie so viele andere aus Deutschland floh. Thomas Mann war dagegen durch seine weltweite Anerkennung dank der Verleihung des Nobelpreises geschützt. Die neuen Machthaber wagten nicht, ihn anzutasten. Thomas Mann aber stellte sich – am Anfang noch zögerlich, dann jedoch umso entschlossener – gegen Hitler und seine Schurken, bis auch er die Heimat verließ, weil er den losgelassenen Pöbel auf den Straßen, die Judenverachtung, das Herandämmern eines neuen Krieges nicht ertrug. Heinrich und Thomas Mann überlebten Naziherrschaft und Zweiten Weltkrieg in Amerika. Heinrich Manns Bücher waren vorwiegend in Deutschland gelesen worden, die Bücher des Thomas Mann aber auf der ganzen Welt, und deshalb unterstützte er den mittellosen Bruder mit dem so verdienten Geld.

Thomas Mann geißelte die Verbrechen in Deutschland, und dafür wurde er als führende Stimme des einstigen Landes der Dichter und Denker geschätzt, in das er nach dem Zweiten Weltkrieg nur selten und ungern zurückkehrte. Die Wahrheit, die er während der Kriegsjahre laut aussprach, schleuderte er auch bei diesen wenigen Besuchen denjenigen Deutschen ins

Gesicht, die nach Kriegsende 1945 so taten, als hätten sie von Judenmord und Kriegsgräuel nichts gewusst. »Es war nicht eine kleine Zahl von Verbrechern, es waren Hunderttausende einer sogenannten Deutschen Elite, Männer, Jungen, entmenschte Weiber, die unter dem Einfluß verrückter Lehren in kranker Lust diese Untaten begangen haben.« Heinrich Mann starb 1950 in Amerika, Thomas Mann 1955 in der Schweiz.

Zweihundert Jahre, nachdem Lessing für Menschlichkeit und Aufgeschlossenheit gestritten hatte, waren deutsche Schriftsteller und deren Familien in den Abgrund der übelsten Barbarei gestürzt worden. Ungezählte hatten nicht das Glück der Brüder Mann, Hitlers Verfolgungen zu entgehen. Alle Warnungen vor kommendem Krieg und Mord, die in Deutschland reiften, hatten nichts genutzt. Erich Kästners Gedicht *Kennst du das Land, wo die Kanonen blühn* ist nur ein Beispiel der Warnungen:

Dort reift die Freiheit nicht. Dort bleibt sie grün.
Was man auch baut, – es werden stets Kasernen.
Kennst Du das Land, wo die Kanonen blühn?
Du kennst es nicht? Du wirst es kennenlernen!

Wer nur Erich Kästners Kinderbücher wie *Emil und die Detektive*, *Das fliegende Klassenzimmer*, *Pünktchen und Anton, Das doppelte Lottchen* oder *Die Konferenz der Tiere* kennt, wird über seine Gedichte staunen, die immer wieder gegen Militär und Kriegshetze angetreten waren. Aber auch sie wurden in den Wind geschrieben. Aus dem Land der Dichter und Denker war das Land der Richter und Henker geworden.

Ich verurteile dich zum Tode
des Ertrinkens!

Franz Kafka

Den Gaskammern wäre er wohl genauso wenig entkommen wie seine Schwestern Elly, Vally und Ottla, die in Konzentrationslagern starben. Dieses Grauen aber blieb ihm erspart. Der lungenkranke Prager Jude Franz Kafka starb mit vierzig Jahren an Schwindsucht. Seine Werke sind herausragend. Oft schrieb er sie nachts, denn tagsüber arbeitete er als Angestellter einer Arbeiter- und Unfallversicherung, bis er 1922 entlassen wurde, weil er zu krank geworden war. Danach blieben ihm noch zwei Jahre. Alle Kuren, alle Heilanstalten, alle Erholungsreisen hatten nichts genutzt.

Lebenslang war Franz Kafka zerrissen zwischen seinem Broterwerb und seiner Sehnsucht, ganz Schriftsteller zu sein. Nur ein Teil seines Werkes wurde zu seinen Lebzeiten veröffentlicht, sein Schreiben nannte er »Gekritzel«, seine großen Romane vollendete er nicht, manches wurde in den Jahren der Hitlerherrschaft beschlagnahmt und ging auf immer verloren, weil es ein Jude geschrieben hatte. Kafka selbst hatte verfügt, den Großteil seiner schriftstellerischen Hinterlassenschaft restlos und ungelesen zu verbrennen, weil er sie für ungenügend hielt. Seine Anweisung wurde nicht ausgeführt – zum Glück. »Von allem was ich geschrieben habe gelten nur die Bücher: Urteil, Heizer, Verwandlung, Strafkolonie, Landarzt und die Erzählung: Hungerkünstler.« Ein Fehlurteil. *Bericht für eine Akademie*, *Der Kübelreiter*, *Vor dem Gesetz*, *Eine kaiserliche Botschaft* – nach dem Ende des Zweiten Weltkriegs wurden Kafkas Schriften überall in Europa verbreitet, und seitdem zählen seine großen und kleinen Werke zur Weltliteratur. Franz Kafka, *Kleine Fabel*:

> »Ach«, sagte die Maus, »die Welt wird enger mit jedem Tag. Zuerst war sie so breit, daß ich Angst hatte, ich lief weiter und war glücklich, daß ich endlich rechts und links in der Ferne Mauern sah, aber diese langen Mauern eilen so schnell aufeinander zu, daß ich schon im letzten Zimmer bin, und dort im Winkel steht die Falle, in die ich laufe.« – »Du mußt nur die Laufrichtung ändern«, sagte die Katze und fraß sie.

Viel ist über Franz Kafkas Schriften gegrübelt worden. Sie wurden um- und umgedeutet, doch tatsächlich zu enträtseln sind sie nicht. Schon der erste Höhepunkt seines Schreibens, *Das Urteil*, drückte überwältigend aus, was Massen von Menschen vor, während und nach dem Ersten Weltkrieg deutlicher fühlten als je zuvor, weil ein Federstrich genügte, um Millionen in die Schützengräben zu schicken: Hilflosigkeit gegenüber denen, die über ihre Köpfe hinweg undurchschaubare Entscheidungen trafen, denen sie wehrlos ausgeliefert waren. Lehrer vom Schlage eines Professor Unrats in den Schulen, kaiserbegeisterte Väter in den Familien wie bei Karl May, die Befehlshaber in den Armeen, Wirtschaftsbosse in den

Betrieben, Beamte in Verwaltungen oder Regierungen hatten das Sagen. Widerstand zwecklos.

Franz Kafka litt unter seinem Vater. Sich von seiner Familie zu lösen fiel ihm schwer. Fast sein ganzes Leben wohnte er zu Hause. Dreimal war Kafka verlobt, zweimal mit derselben. Die dritte Verlobung löste Kafka vor allem auch deshalb, weil sein Vater darauf bestand. »Mein Vater ist noch immer ein Riese«, sagt im *Urteil* der junge Kaufmann Georg Bendemann, der nach dem Tod seiner Mutter vom übermächtigen Vater gehindert wird, dem eigenen Willen zu folgen. Seine Verlobung wird missbilligt, sein beruflicher Erfolg kleingeredet. Seine Verlobte hatte von ihm gefordert, sich dem Vater entgegenzustellen, um sich endgültig von ihm zu befreien. Bendemann aber ist zu schwach. Der Vater, der ihm nicht die Luft zum Leben lässt: »Ich verurteile dich zum Tode des Ertrinkens!« Der Sohn nimmt das Urteil widerspruchslos hin und geht ins Wasser. Die Macht des Vaters ist unantastbar. Franz Kafka schuf *Das Urteil* in nur einer Nacht, vom 22. auf den 23. September 1912, und kurz nach dieser Erzählung entstand *Die Verwandlung*, die Kafka einmal mehr mit dem Gefühl der eigenen Nichtigkeit und Wertlosigkeit schrieb.

Als Gregor Samsa eines Morgens aus unruhigen Träumen erwachte, fand er sich in seinem Bett zu einem ungeheuren Ungeziefer verwandelt. Er lag auf seinem panzerartig harten Rücken und sah, wenn er den Kopf ein wenig hob, seinen gewölbten, braunen, von bogenförmigen Versteifungen geteilten Bauch, auf dessen Höhe sich die Bettdecke, zum gänzlichen Niedergleiten bereit, kaum noch erhalten konnte. Seine vielen, im Vergleich zu seinem sonstigen Umfang kläglich dünnen Beine flimmerten ihm hilflos vor den Augen. »Was ist mit mir geschehen?« dachte er. Es war kein Traum.

Das Geschäft von Gregor Samsas Vater war pleite gegangen. Seitdem arbeitete der Sohn so fleißig, dass er die Familie ernähren konnte. Zugleich aber hatte er sich damit an die Stelle des Vaters gesetzt und ihn als Ernährer und Oberhaupt verdrängt. Für diese ungeheuerliche Rebellion gegen den allmächtigen Vater bestraft sich Samsa selbst. Er verwandelt sich in einen Käfer. Am Anfang wird das abstoßend riesige Insekt von der Familie noch mitleidig gepflegt, dann aber ausgestoßen und in sein Zimmer verbannt. Er geht an Kälte und Hass zugrunde.

Noch einmal also ein Konflikt zwischen Vater und Sohn. Am Anfang des Ersten Weltkriegs aber änderte Franz Kafka den Ton. In seinem Roman *Der Prozeß* ist nicht mehr der Vater die alles beherrschende Macht, sondern ein namenloses Gericht, weil mit dem Krieg nicht mehr allein bekannte Personen wie Väter, Lehrer oder Vorgesetzte über das Leben junger Menschen bestimmten, sondern ein mitleidloser, anonymer Staat. »Vater Staat« schickte seine Landeskinder in die

Schützengräben. Wer zu entkommen versuchte, wurde hingerichtet.

Franz Kafka, *Der Prozeß*: Der Bankangestellte Josef K. – das K. darf nicht übersehen werden – liegt im Bett, als ihn das Unheil ereilt. Jemand muss Josef K. verleumdet haben, denn ohne dass er etwas Böses getan hätte, wird er eines Morgens verhaftet. Zuerst glaubt er noch an einen Streich seiner Kollegen zu seinem dreißigsten Geburtstag, denn trotz der Verhaftung darf er zu Hause bleiben. K. versucht herauszufinden, was ihm vorgeworfen wird, doch sein Verbrechen wird ihm nicht genannt. Er erfährt nie, wessen er angeklagt ist. Die Behörden, die er aufsucht, geben ihm keine Auskunft, ein Anwalt kann ihm nicht helfen, doch alle scheinen von seiner großen Schuld überzeugt. In einer Kirche wird ihm die Legende *Vor dem Gesetz* erzählt, in der ein Mann ein Leben lang vor einer Tür wartet, hinter der das Gesetz thront. Der Eintritt aber wird ihm verwehrt. Als er stirbt, schließt ein Hüter die Tür, die einzig und allein für den Wartenden da war, der nicht hindurchgelassen wurde. K. dagegen sucht weiter nach dem Gericht, das über ihn berät, bis er es findet. Das Gericht tagt auf einem Dachboden, die Beamten sitzen in Bretterverschlägen, dazwischen hängt Wäsche zum Trocknen. Je länger der beschämende Prozess dauert, in dem K. keine Hilfe bekommt und alles verliert, desto mehr beschleicht ihn ein schlechtes Gewissen. Hat er Schuld auf sich geladen, ohne das zu ahnen? Das Urteil scheint von vornherein schon gesprochen. Ein Jahr später wird er wieder aufgesucht. Noch immer weiß K. nicht, wer ihn anklagt, wer über ihn entscheidet, was er getan hat, als ihm zwei unbekannte Herren ein Messer reichen. Er ist anscheinend grundlos zum Tode verurteilt, doch er will sich nicht auch noch selbst töten. Hinrichtung des Josef K. in einem Steinbruch:

> Wo war der Richter, den er nie gesehen hatte? Wo war das hohe Gericht, bis zu dem er nie gekommen war? Er hob die Hände und spreizte alle Finger. Aber an K.'s Gurgel legten sich die Hände des einen Herren, während der andere das Messer ihm ins Herz stieß und zweimal dort drehte.

Schuld, Urteil und Strafe, gespenstische Schauplätze, namenlose Schrecken beherrschen Kafkas Schreiben. Kafkas Helden kämpfen aussichtslose Kämpfe. In seinen Romanen *Der Prozeß* und *Das Schloß* oder in der Erzählung *In der Strafkolonie* greifen immer wieder stumme Mächte in das Leben der Menschen ein, und am Ende steht oft genug dessen mitleidlose Zerstörung. Auch Franz Kafka sah sich bedroht. Er litt an der Verlogenheit, der Sinnlosigkeit und dem Wirrwarr des modernen Lebens in den großen Städten und versuchte die Angst vor dem eigenen Vater, die Angst vor der eigenen Krankheit, das beängstigende Massensterben im Krieg schreibend zu bewältigen. Dabei ahmte er nicht mehr die unüberschaubare Wirklichkeit nach, die Gerhart Hauptmanns Naturalismus noch peinlich genau wie eine Bauzeichnung abzubilden versucht hatte, sondern kleidete sie in albtraumhafte Geschichten ein. Doch so unheilvoll die Geschehnisse sind, Kafka selbst betrachtete seine Geschichten durchaus mit Witz. Manchmal las er mit schallendem Lachen aus dem *Prozeß* vor. Ihn nur als leidenden Schriftsteller zu sehen wird ihm nicht gerecht. Franz Kafka starb am 3. Juni 1924. Zum Schluss auch für ihn ein Gedicht, das gut zu ihm passt. Rainer Maria Rilke, *Der Panther*, *Im Jardin des Plantes, Paris*, entstanden 1903.

Sein Blick ist vom Vorübergehn der Stäbe
so müd geworden, daß er nichts mehr hält.
Ihm ist, als ob es tausend Stäbe gäbe
Und hinter tausend Stäben keine Welt.

Der weiche Gang geschmeidig starker Schritte,
der sich im allerkleinsten Kreise dreht,
ist wie ein Tanz von Kraft um eine Mitte,
in der betäubt ein großer Wille steht.

Nur manchmal schiebt der Vorhang der Pupille
sich lautlos auf –. Dann geht ein Bild hinein,
geht durch der Glieder angespannte Stille –
und hört im Herzen auf zu sein.

Krötentümpel, Schmutz und Räude

Georg Trakl

Ein Brunnen singt. Die Wolken stehn
Im klaren Blau, die weißen, zarten.
Bedächtig stille Menschen gehen
Am Abend durch den alten Garten.

Der Ahnen Marmor ist ergraut.
Ein Vogelzug streift in die Weiten.
Ein Faun mit toten Augen schaut
Nach Schatten, die ins Dunkel gleiten.

Ebenso geheimnisvoll wie die Geschichten Franz Kafkas sind Georg Trakls Gedichte wie *Musik im Mirabell*, dem Garten des Salzburger Schlosses Mirabell. Georg Trakl, 1887 bis 1914, tot mit siebenundzwanzig Jahren. Ein Lebenslauf bitter und wüst bis zum unerträglichen Ende. Er begann in Salzburg und endete mit Selbstmord. Schon als Kind war Georg Trakl unausgeglichen. Einerseits übermütig, stets zu Unsinn aufgelegt, andererseits scheu, in sich verschlossen. Als Jugendlicher wurde der Riss in ihm dann offensichtlich. Er blieb wegen Mathematik, Latein und Griechisch sitzen. Er empfand das als Schande, doch er überspielte sie, heuchelte den Kaltblütigen. Trakl wurde faul bis zur Starre. Die Schulbücher ödeten ihn an. Er las lieber Hugo von Hofmannsthal oder Dostojewski, am liebsten aber Baudelaires *Die Blumen des Bösen*. Immer trunken sein, sich unendlich berauschen, sei das Geheimnis, hatte der Franzose geschrieben, um die schreckliche Last des Lebens zu tragen.

Trakl hielt sich daran. Er betäubte sich mit Chloroform, wurde besinnungslos auf dem Sofa gefunden. Einmal erfror er beinahe in klirrender Winterkälte. Er versuchte mit den Drogen aufzuhören, lernte wieder, doch er kam von der Sucht nicht los, mit der er vor seinen Mitschülern angab. Trakl empfand sich als verkannten Künstler, sah auf alle und alles herab, glaubte, wahre Kunst gelinge nur am Rand zu Wahnsinn und Tod. Mit fünfzehn schrieb er erste Gedichte. Bald galt er als Spinner. Er trank, rauchte und tunkte die Zigaretten in Opiumlösung. Die Sucht veränderte ihn. Er wurde zänkisch und mürrisch. Als er noch einmal sitzen blieb, wurde er von der Schule genommen. 1905 begann er eine Apothekerlehre bei einem verschrobenen Kauz, der sich gerne einen gönnte. Alle Rauschgifte standen Trakl zur Verfügung. Tagsüber arbeitete er erstaunlich fleißig, nachts trieb er sich mit Gleichgesinnten in den Gassen herum. Salzburg, *Die schöne Stadt*:

Aus den braun erhellten Kirchen
Schaun des Todes reine Bilder.

Sie stritten über Malerei, Musik und Bücher und hielten sich für die Vorreiter eines neuen Schreibens. Trakl immer in tadellosem Anzug, geöltes Haar, schmales Lippenbärtchen. Nach außen spielte er weiter den Dichter, war Stammgast in Salzburgs Bordellen. Nach innen sah alles anders aus. Gefühllos, abgestumpft, eiskalt. Die Sucht höhlte ihn aus. Trakl schwankte zwischen Lebensgier und Todeswunsch. »Drinnen nisten Angstgespenster.« Sein Schreiben triefte von Verfall, Schatten, Fäulnis. Mit neunzehn dann ein erstes Theaterstück, *Totentag*, das freundlich aufgenommen wurde. Sein zweites fiel glatt durch. Trakl zog sich enttäuscht zurück. Er betäubte sich mit immer stärkeren Giften, Morphium und Schlafmittel, denn an ihm fraß nicht nur der Lebensekel, sondern auch eine dunkle Leidenschaft, für die er sich verfluchte: die Liebe zu seiner Schwester Grete. *Andacht*:

Da schimmert aus verworrenen Gestalten
Ein Frauenbild, umflort von finstrer Trauer,
Und gießt in mich den Kelch verruchter Schauer.

Immer wieder taucht die Schwester in seinen Gedichten auf. Trakl sprach von »Krötentümpel«, »Unzucht in dämmernden Zimmern«, »Schmutz und Räude«, »blutbeflecktem Linnen«, »gräulichem Dunsthauch«. Für den empfindsamen Trakl war diese Liebe Sünde und Blutschande, an der er sich die Schuld gab. Wie weit beide gingen, ist nicht bekannt. Ihre Briefe sind verschwunden, wurden verbrannt, gingen verloren, wurden gestohlen. Wer beide kannte, der schwieg oder wiegelte ab. Trakl litt. Sie aufzugeben gelang ihm nicht. »Ich habe die fürchterlichsten Möglichkeiten in mir gefühlt, gerochen, getastet und im Blute die Dämonen heulen hören, die tausend Teufel mit ihren Stacheln, die das Fleisch wahnsinnig machen. Welch entsetzlicher Alp!« Trakl war ihr hörig und sie ihm. Grete Trakl war musikbegabt und genauso hemmungslos und hitzig wie ihr Bruder, der sie zum Rauschgift brachte. Nach seinem Tod verlor sie allen Halt. Bei einer Abendeinladung spielte sie die Fröhliche und Muntere. Dann ging sie in ein Nebenzimmer und erschoss sich.

Lang zuvor, 1908, hatte Trakl seine Lehre vorzeitig gut beendet. Er ging nach Wien, um Arzneikunde zu studieren, und in Wien lernte Trakl die weltverachtenden Gedichte Arthur Rimbauds kennen, an denen sein Schreiben wuchs. Rimbaud, der mit zwanzig Jahren von einem Tag auf den anderen mit Schreiben aufgehört hatte, dessen Geliebter, der Schriftsteller Paul Verlaine, ihn zu ermorden versuchte und ihn dabei schwer verwundete – Rimbaud, der von Frankreich aus nach Afrika ging, als Waffen- und Sklavenhändler lebte, beeindruckte Trakl zutiefst. Die Gedichte Rimbauds lehrten ihn, den Schwulst des ersten Schreibens abzulegen. Er taumelte im Schaffensdrang. »Ich habe gesegnete Tage hinter mir«, schrieb Trakl, »o hätte ich noch reichere vor mir und kein Ende.« Höhenflüge aber dauerten bei ihm nie lange. Georg Trakl, *Das Grauen*:

Doch plötzlich: Stille! Dumpfe Fieberglut
Läßt giftige Blumen blühn aus meinem Munde,
Aus dem Geäst fällt wie aus einer Wunde
Blaß schimmernd Tau, und fällt, und fällt wie Blut.

Hochstimmung und Hoffnungslosigkeit wechselten sich bei Trakl ab. Er war immer nah dran, das Schreiben aufzugeben, doch er machte weiter. Der Teufelskreis aber drehte sich immer schneller. Trakl lieh sich Geld für Rauschgift und Wein, verkaufte fast alle seine Bücher. Dennoch schloss er sein Studium ab und begann als Apotheker zu arbeiten. Den Arbeitsalltag aber hielt er nicht aus. Sucht und Rausch hatten ihn schon zu sehr zerrüttet. Nach zehn Wochen hörte er wieder auf. Drückende Geldsorgen. Um sich irgendwie über Wasser zu halten, meldete er sich zur Armee. 1912 rückte er in die Garnisonsapotheke von Innsbruck ein. Sie wurde seine Vorhölle. Verfolgungswahn quälte ihn. Trakl schwitzte sechs Hemden am Tag durch, er fühlte sich von allem und jedem bedroht. Fünf Monate hielt er aus, dann quittierte er den Dienst. Er kehrte nach Wien zurück und fand eine Stelle in einem Ministerium. Nach zwei Stunden lief er davon. »Gott, nur einen kleinen Funken reiner Freude – und man wäre gerettet; Liebe – und man wäre erlöst.«

»Ich sehne den Tag herbei, an dem die Seele in diesem unseligen von Schwermut verpesteten Körper nicht mehr wird wohnen wollen und können, an dem sie diese Spottgestalt aus Kot und Fäulnis verlassen wird, die ein nur allzu getreues Spiegelbild eines gottlosen und verfluchten Jahrhunderts ist.« Der Tag kam. 28. Juni 1914: Der österreichische Thronfolger Franz Ferdinand wurde in Sarajevo erschossen. Vier Wochen darauf Kriegserklärung Österreichs an Serbien. Kurz danach traten das Deutsche Reich, Russland, Frankreich und England in den Krieg ein. Erster Weltkrieg. Georg Trakl wurde eingezogen. Das Grauen und Sterben, das seine Gedichte beherrscht hatte, wurde zur grässlichen Gegenwart. Georg Trakl, *Menschheit*:

> Menschheit vor Feuerschlünden aufgestellt,
> Ein Trommelwirbel, dunkler Krieger Stirnen,
> Schritte durch Blutnebel; schwarzes Eisen schellt,
> Verzweiflung, Nacht in traurigen Gehirnen.

Trakls Sanitätseinheit wurde an die Front verlegt und das Heer unter vernichtenden Verlusten nach Grodek zurückgedrängt, um das eine erbitterte Schlacht entbrannte. Alleine betreute Trakl zwei Tage und zwei Nächte lang an die hundert Schwerverletzte, die ihn anflehten, ein Ende zu machen. Einer jagte sich eine Kugel ins Hirn. Trakl wurde schwarz vor Augen, er floh nach draußen. An einem Baum schaukelten Gehenkte. Tage später versuchte sich Trakl zu erschießen, doch die Waffe wurde ihm aus der Hand gewunden. »Ich fürchte, wegen jenes Vorfalls vor ein Kriegsgericht gestellt und hingerichtet zu werden.« Dieser Wahn setzte sich in ihm fest. Er wurde in eine geschlossene Anstalt gesperrt. Sein Zellengenosse litt am Säuferwahn, aus den Nachbarzellen drangen Verzweiflungsschreie durch die Wände. *Klage*:

Schlaf und Tod, die düstern Adler
Umrauschen nachtlang dieses Haupt.

Am 25. Oktober 1914 las Georg Trakl auf einem Eisenbett liegend einem Besucher sein letztes Gedicht vor. *Grodek*:

Am Abend tönen die herbstlichen Wälder
Von tödlichen Waffen, die goldnen Ebenen
Und blauen Seen, darüber die Sonne
Düstrer hinrollt; umfängt die Nacht
Sterbende Krieger, die wilde Klage
Ihrer zerbrochenen Münder.

Als der Besuch abreiste, hatte er ihm das Gift gelassen, das Trakl bei sich verbarg. Zwei Briefe schickte ihm Georg Trakl nach, denen er die Gedichte *Grodek*, *Klage*, *Traum des Bösen* und *Menschliche Trauer* beigelegt hatte.

Es scheint, man hört der Fledermäuse Schrei,
Im Garten einen Sarg zusammenzimmern.
Gebeine durch verfallne Mauern schimmern
Und schwärzlich schwankt ein Irrer dort vorbei.

Drei Tage später, am 3. November 1914, war Georg Trakl tot. Sein Zellengenosse gab an, er sei eines plötzlichen Todes gestorben.

An mir hat die Schule viel kaputtgemacht

Hermann Hesse

Wie bereits Thomas Mann, so war auch Hermann Hesse ein Schulversager, dem ebenfalls der Nobelpreis verliehen wurde. Als er ihn bekam, fuhr er nicht nach Schweden, um den Preis entgegenzunehmen. »Heute ist in Stockholm der Klimbim.« Hermann Hesse war fast siebzig, von der späten Ehrung hatte er in einer Heilanstalt erfahren, die er erschöpft aufgesucht hatte.

Hesse stammte aus einer Familie von Missionaren. Sein Großvater war in ferne Länder gezogen, um den christlichen Glauben zu verbreiten, sein Vater arbeitete in einem schwäbischen Missionsverlag. Und weil Hermann Hesse zwar ein wildes Kind war, das herumstromerte und sich hitzig bis zum Jähzorn gebärdete, aber ebenso empfindsam war, gern lernte, gern las, Griechisch und Latein liebte, Geige spielte und mit zehn Jahren erste Gedichte schrieb, war unstreitig, dass er nur eines wird: Pfarrer. Um Schulgebühren und Bücher einer höheren Schule zu bezahlen, fehlte im Hause Hesse das Geld. Eine Aussicht bot in Schwaben jedoch das so genannte Landexamen, das alljährlich durch gefürchtete Auswahlprüfungen ärmeren, aber begabten Schülern die Möglichkeit eröffnete, einen Freiplatz zuerst an einer schwäbischen Klosterschule, dann am Tübinger Stift zu bekommen. Dort waren schon Mörike und Hölderlin zu Pfarrern ausgebildet worden, und dort wurde die künftige Führungsschicht des Landes herangezogen. Ein Elitestift, dessen Lernzwänge hart waren.

Anfangs passte alles. Hermann Hesse lernte, lernte, lernte und bestand die Aufnahmeprüfungen für die Klosterschule. Die Eltern waren stolz auf ihn, und er auf sich, doch nur sechs Monate, nachdem er in die Schule von Maulbronn aufgenommen worden war, lief er ohne Mantel und ohne Essen davon. Die Dörfer ringsum wurden verständigt, Gendarmen suchten ihn, am Tag danach wurde er aufgegriffen und von einem Landjäger zurückgebracht. Zur Strafe wurde Hermann Hesse bei Wasser und Brot ins Schulgefängnis, den Karzer, gesteckt. Warum er weggelaufen war, wurde nie wirklich geklärt. Hermann Hesses Erklärung: »Im Seminar fingen meine Nöte an. Die Not der Pubertätszeit traf zusammen mit der Berufswahl, denn es war mir schon damals durchaus klar, daß ich nichts anderes als ein Dichter werden wollte.« Die Schule empfahl seine Entlassung, seine überspannten Gedanken und übertriebenen Gefühle hätten einen schlechten Einfluss auf die Mitschüler. Die Eltern waren geschockt, ihre Pfarrershoffnungen schwanden. Der Vater forderte Hermann Hesse besorgt auf, jedwede Strafe hinzunehmen, damit er nur an der Schule bleibe, und warf ihm vor, er lese zu viel und die falschen Bücher. In der religiösen Familie wurde gemunkelt, Hesse sei über all dem Lesen und Lernen verrückt geworden, das Böse, Satan habe von ihm Besitz ergriffen. Das Unverständnis von Lehrern und Eltern traf ihn tief. Er wurde krank, schwermütig, wirkte wie abwesend. Sein Zustand war Besorgnis erregend, er wurde nach Hause geschickt und bald darauf von der Schule genommen. »An mir hat die Schule viel kaputt gemacht, und ich kenne wenig bedeutende Persönlichkeiten, denen es nicht ähnlich erging.«

Hermann Hesse wurde zur Pflege in den Haushalt eines Pfarrers gegeben, der versuchte, den angeblich Geistesgestörten mit Gebeten zu heilen. Nicht lange und der fünfzehnjährige Hesse drohte, sich umzubringen. Er hatte sich einen Revolver besorgt. Für seine christliche Umgebung war dies ein weiterer Hinweis auf die Einflüsterungen des Bösen, denn Selbstmord ist Sünde. Wieder lief er weg, wieder wurde er eingefangen. Sie steckten ihn in ein Irrenhaus. Die Behandlungen schlugen fehl, und Hermann Hesse legte sich verzweifelt nochmals eine Pistole bereit. »Eine Weile bemühte ich mich dann an einem Gymnasium, meine Studien vorwärtszubringen, allein Karzer und Verabschiedung war auch dort das Ende. Dann war ich drei Tage Kaufmannslehrling, lief wieder fort«, erinnerte sich Hermann Hesse. »Ich war ein halbes Jahr lang Gehilfe meines Vaters, ich war anderthalb Jahre lang Praktikant in einer mechanischen Werkstätte und Turmuhrenfabrik. Kurz, mehr als vier Jahre lang ging alles unweigerlich schief.«

Das Büffeln fürs Landexamen, der Stolz auf das Bestehen der Prüfungen, das anfangs überehrgeizige Streben an der Schule, dann der Absturz, das tägliche Feilen am Schraubstock in der Werkstatt – alles das schrieb sich Hermann Hesse in seiner Geschichte

Unterm Rad vom Herzen, in der Hans Giebenrath, angetrieben von Eltern und Lehrern und ganz berauscht von Wissen und Bildung, lernt bis zum Umfallen. Giebenrath wird ein ausgezeichneter Schüler, aber die Anstrengungen dafür zermürben ihn. In der Rangliste der Schüler rutscht er ab, bis er die Schule aufgeben muss. Er wird Lehrling, doch das hält er nicht aus. Er geht ins Wasser.

Hermann Hesse beschrieb mit *Unterm Rad* ein Schülerschicksal aus eigenem Erleben, und er konnte eine der besten Schülererzählungen nur schreiben, weil er selbst die Kurve kriegte. Er fing sich und überstand die Werkbank, weil er sich in die Welt der Bücher flüchtete. Zwischen seinem sechzehnten und zwanzigsten Lebensjahr, so Hesse, habe er nicht nur Packen Papier mit Gedichtversuchen voll geschrieben, sondern dazu die halbe Weltliteratur gelesen. Hölderlin begeisterte ihn, außerdem Goethe und zum elterlichen Entsetzen auch Heinrich Heine, der als sittenverderbt galt. Bücher eröffneten Hermann Hesse einerseits eine geistige Flucht, andererseits aber auch einen ganz handfesten Ausweg. Er begann eine Buchhandelslehre in Tübingen. Tag für Tag sah er dort neidisch seine ehemaligen Mitschüler, die es ins Stift geschafft hatten, während er zwölf Stunden täglich im Laden stand. Abends und nachts aber schrieb er. Er ließ seinen ersten Gedichtband auf eigene Kosten drucken, und schon folgten erste Geschichten. Rainer Maria Rilke besprach ihn lobend, und davon angefeuert, hielt Hesse durch. Eines seiner Bücher, das er nach Hause geschickt hatte, forderte er bald zornig zurück, denn sie hatten darüber nur den Kopf geschüttelt.

Nach der Lehre wechselte er in eine Schweizer Buchhandlung. Hermann Hesse schwamm sich frei. Die Kunst gewann die Oberhand, die Arbeit trat zurück. »Ich bin ein Zigeuner, trage die Hände im Hosensack und schreibe meine Verse an den seltenen Tagen, an denen ich weder für Geld arbeite noch betrunken bin. Nächst Büchern, Wein und Weibern weiß ich nur ein Vergnügen: Wandern.« Sein Schreiben zeitigte Erfolg. Hermann Hesse, geboren 1877, gelang 1904 mit *Peter Camenzind* der Durchbruch, und in diesem wie in allen seinen Büchern schimmerte sein eigenes Leben durch, denn Peter Camenzind ist ein armer, aber begabter Bauernbursche, der in die Welt geschickt wird, um zu lernen, zu studieren, zu reisen. Er setzt sich durch, doch er bleibt ein Außenseiter, den das große Weltgetriebe anekelt. Peter Camenzind zieht sich deshalb aufs Land zurück.

»Ich war, so unmöglich es geschienen hatte, doch ein Dichter geworden und hatte, wie es schien, den langen, zähen Kampf mit der Welt gewonnen. Die Bitternis der Schul- und Werdejahre, in der ich oft sehr nah am Untergang gewesen war, wurde nun vergessen und belächelt.« Hermann Hesse hatte Grund zu lächeln. In den Jahren vor dem Ersten Weltkrieg reiste er nach Indien, betrieb Nacktklettern in den

Bergen, er heiratete, bekam Kinder, konnte vom Schreiben leben. Das Glück aber hielt nicht lange. Auch für Hermann Hesse war der Erste Weltkrieg ein Bruch in seinem Leben. Weil er, entgegen der allgemeinen Kriegsbegeisterung, von den Deutschen Anstand und Menschlichkeit einforderte, traf ihn die altbekannte Keule: Hermann Hesse wurde als Vaterlandsverräter und Gesinnungslump beschimpft. Auch sonst hatte er Schlimmes zu ertragen. Bei Kriegsanfang erkrankte sein Sohn an Hirnhautentzündung, bei Kriegsende wurde seine trübsinnige Frau in eine Heilanstalt eingeliefert. Er selbst musste sich wegen seiner zurückgekehrten Schwermut behandeln lassen. Was er sich aufgebaut hatte, brach zusammen. *Im Nebel*:

Seltsam, im Nebel zu wandern!
Leben ist Einsamsein.
Kein Mensch kennt den andern,
Jeder ist allein.

Hermann Hesse setzte einen rücksichtslos harten Schnitt. Er verließ das Haus in Bern, in dem sie gelebt hatten, seine Söhne wurden ins Heim oder zu Freunden gebracht. Eine schwierige Kindheit blieb auch ihnen nicht erspart. Lange danach brachte sich sein jüngster Sohn um. Er hatte den Vater vergöttert. Was Hermann Hesse in *Peter Camenzind* geschrieben hatte, machte er nun selbst. Enttäuscht von der Welt, zog sich Hesse aufs Land zurück. »Ich war jetzt ein kleiner abgebrannter Literat, ein abgerissener und etwas verdächtiger Fremder, der von Milch und Reis und Makkaroni lebte, seine alten Anzüge bis zum Ausfransen austrug.« Hermann Hesse aber fühlte sich befreit und begann seinen Roman *Siddharta*, in dem ein vornehmer Inder alles zurücklässt, um wie Buddha Weisheit zu finden, die er jedoch weder als Reicher noch in der Liebe noch als Büßer gewinnt. Er erlangt sie erst, als er am Ende seiner langen Suche als niederer Fährmann lebt. *Siddharta* begründete neben *Der Steppenwolf* und *Das Glasperlenspiel* den Weltruhm Hermann Hesses, und alle drei wurden Kultbücher der Jugendlichen des zwanzigsten Jahrhunderts.

Im *Glasperlenspiel* schildert Hermann Hesse die Geschichte Josef Knechts, der in einem abgeschiedenen Land von mönchischen Gelehrten erzogen wird, bis er zum Meister des Glasperlenspiels gereift ist, der höchsten Kunst in diesem Land. Lehrer und Schüler streben nach Weisheit, sie widmen sich allein der Musik, der Malerei, den Wissenschaften. Im Glasperlenspiel wird jedwedes Wissen – ob mathematische Formel, Musikkomposition oder Buchzitat – ständig neu aneinander gefügt, um so zu immer höherer Erkenntnis zu gelangen. Nachdem er die Meisterschaft im Glasperlenspiel erlangt hat, sieht Josef Knecht jedoch ein, dass Erkenntnis allein um der Erkenntnis willen nicht genügt. Er verlässt den Elfenbeinturm der Bildung, um sein Wissen demütig an die Welt draußen weiterzugeben, indem er als Lehrer dient. Josef Knecht hat den Sinn seines Lebens gefunden, und um Sinnsuche dreht sich auch die Geschichte Harry Hallers in *Der Steppenwolf*, doch der mit sich ringende Haller geht einen ganz anderen Weg. *Der Steppenwolf* ist keine sanfte Schilderung von Jugendleid oder Selbstfindung. Hesse gewährt darin weder Trost noch Zuspruch. *Der Steppenwolf* ist gnadenlos.

Harry Haller ist fünfzig. Er lebt allein, ohne Arbeit in einem Zimmer. Er verachtet die Welt. Warum, weiß er selbst nicht. Er fühlt Abscheu vor dem bürgerlichen Leben und der Gedankenlosigkeit und Kriegstreiberei seiner Zeit. Er sucht den Sinn seines Lebens in Büchern und Musik. Ziellos streift er durch die Straßen, betrinkt sich in heruntergekommenen Kneipen, bis er den *Tractat vom Steppenwolf* in die Hand gedrückt bekommt. Untertitel: *Nur für Verrückte*. Harry Haller erkennt, dass er von ihm handelt.

> Wenn Harry als Mensch einen schönen Gedanken hatte, eine feine, edle Empfindung fühlte oder eine sogenannte gute Tat verrichtete, denn bleckte der Wolf in ihm die Zähne und lachte und zeigte ihm mit blutigem Hohn, wie lächerlich dieses ganze edle Theater einem Steppentier zu Gesicht stehe, einem Wolf, der ja in seinem Herzen ganz genau darüber Bescheid wußte, was ihm behage, nämlich einsam durch Steppen zu traben, zuzeiten Blut zu saufen oder eine Wölfin zu jagen.

Harry Haller will fressen, saufen, morden und flüchtet in die Arme leichter Mädchen, doch die beiden Mächte Mensch und Wolf streiten in seinem Innern. Der Wolf lechzt nach Ausschweifung und Abenteuer und verspottet den braven Spießer, der ein geordnetes Leben sucht und seine Ruhe in der Kunst finden will. Der Kampf dauert an, bis Harry Haller sich selbst annimmt, wie er ist. Er sieht ein, dass er nicht nur aus Schwarz und Weiß besteht, aus Mensch und Wolf, sondern dass sich beide verbinden lassen. Als Einheit befruchten sie sich gegenseitig. Ganz am Ende findet auch er wie Siddharta oder Josef Knecht seinen Ausweg. Für Harry Haller heißt dies: von vorne beginnen.

Auch Hermann Hesse hatte von vorne begonnen. Er hatte sich scheiden lassen, wieder geheiratet, sich wieder scheiden lassen, eine Lebensgefährtin gefunden und erneut geheiratet. »Morgen nachmittag gehe ich aufs Standesamt, um mir den Ring durch die Nase ziehen zu lassen.« Er malte, schrieb ein Buch nach dem anderen, werkelte in seinem geliebten Garten, bis auch ihn in der Schweiz die Machtübernahme Hitlers, Deutschlands Kriegshetze und schließlich der Zweite Weltkrieg einholten. Seine Werke wurden in Deutschland weder verboten noch verbrannt, und doch wurde er angefeindet, als er Schriften Thomas Manns öffentlich lobte, die in Deutschland längst niemand mehr zu besprechen wagte. Viel konnte er gegen den Irrsinn Hitlerdeutschlands nicht ausrichten, doch was er tun konnte, war, Briefe zu beantworten. Während des

Krieges erreichten ihn Tausende. Nach dem Krieg, erst recht, nachdem ihm 1946 der Nobelpreis verliehen worden war, bekam er sie körbeweise. Die Menschen hatten sich in den Zerstörungen eines sinnlosen Krieges auf der Suche nach Sinn an ihn gewandt, und er antwortete Tag für Tag bis zu jener Erschöpfung, die ihn schließlich davon abhielt, zur Preisverleihung nach Schweden zu reisen.

Die letzten Jahre seines Lebens – Hermann Hesse starb 1962 in seinem fünfundachtzigsten Jahr an Blutkrebs – verbrachte er zurückgezogen. Am Tor zu seinem Haus hing das Schild »Bitte keine Besuche«, und dennoch empfing er sie schon aus Gewohnheit. Bereits vor dem Krieg hatte er sein Haus deutschen Schriftstellern geöffnet, die auf der Flucht waren. »Die Betten sind auch bei mir gerüstet, und ich erwarte morgen den ersten aus Deutschland entkommenen Gast.« Einer dieser Gäste war Bertolt Brecht.

Und der Haifisch, der hat Zähne

Bertolt Brecht

Ich habe das Licht der Welt im Jahr 1898 erblickt. Meine Eltern waren Schwarzwälder. Die Volksschule langweilte mich vier Jahre. Während meines neunjährigen Eingewecktseins an einem Augsburger Realgymnasium gelang es mir nicht, meine Lehrer wesentlich zu fördern.« Ein wenig überheblich, ein wenig großmäulig, Boxfan und Frauenheld und doch einer, der dem Theater des zwanzigsten Jahrhunderts seinen Stempel aufdrückte: Brecht, der sich Bertolt statt Berthold schrieb, um aufzufallen.

Mit achtzehn wäre er beinahe von der Schule geflogen. Der Erste Weltkrieg dauerte bereits zwei Jahre, staatstreue Lehrer schworen ihre Schüler auf Kaiser, Gott und Vaterland ein, als Bertolt Brecht in einem Aufsatz über die süße Ehre, für die Heimat zu sterben, schrieb: »Der Abschied vom Leben fällt immer schwer, im Bett wie auf dem Schlachtfeld, am meisten gewiß jungen Menschen, in der Blüte ihrer Jahre. Nur Hohlköpfe können die Eitelkeit soweit treiben, von einem leichten Sprung durch das dunkle Tor zu reden, und auch dies nur, solange sie sich weitab von der letzten Stunde glauben.« Ein Jahr später machte Brecht sein Notabitur nach verkürzter Schulzeit, das eingeführt worden war, um Schüler rascher an die Front schicken zu können. Bertolt Brecht aber musste nicht antreten. Er hatte einen Herzfehler. Sicherheitshalber studierte er in München Medizin, denn Ärzte wurden erst nach ihrem Studium eingezogen. Nebenbei half er in Lazaretten, doch eigentlich beschäftigte er sich mit Büchern und Schreiben, arbeitete als Geräuschemacher bei Karl Valentin, zog durch die Kneipen, klampfte auf der Gitarre und sang Lieder gegen den Krieg. Einmal sollen ihn Kriegsversehrte dafür mit Bierkrügen vermöbelt haben. 1918 war der Krieg vorbei. Das deutsche Kaiserreich war untergegangen. Auf den Straßen kämpften Linke gegen Rechte um die Macht. Bertolt Brecht war in einem wohlgeordneten Zuhause aufgewachsen. Dennoch wusste er früh, dass sein Platz nicht bei den Besitzenden war. Er war auf der Seite der Arbeiter. Bertolt Brecht, der Linke, der Rote. *Fragen eines lesenden Arbeiters*:

Der junge Alexander eroberte Indien.
Er allein?
Cäsar schlug die Gallier.
Hatte er nicht wenigstens einen Koch bei sich?

Um sich in den Wirren der Nachkriegszeit über Wasser zu halten, besprach Bertolt Brecht Theateraufführungen. Eine seiner Kritiken war so ätzend und scharf, dass er auf Beleidigung verklagt und zu Gefängnis oder Geldstrafe verurteilt wurde. Brecht zahlte. Das Theater war die große Leidenschaft seines Lebens. Schon seine ersten eigenen Stücke ließen die Wellen hochschlagen. *Trommeln in der Nacht* war 1922 aufgeführt und ausgezeichnet, *Baal* war im Jahr darauf in Leipzig auf die Bühne gekommen und nach der ersten Aufführung verboten worden. Als in München *Im*

Dickicht der Städte herauskam, wurde das Stück rasch wieder abgesetzt. Brechts Darstellung der Kälte der menschlichen Beziehungen im Dschungel der großen Städte hatte heftige Empörung hervorgerufen. Im Theater waren Stinkbomben geworfen worden, Zuschauer hatten sich geohrfeigt, Schlägereien waren ausgebrochen. Die Rechten liefen Sturm. Als Hitlers erster Versuch, die Macht mit Waffengewalt zu übernehmen, in München scheiterte, stand Bertolt Brecht auf der vorbereiteten Verhaftungsliste, weil seine Stücke den rechtsgerichteten Deutschtümlern nicht passten. Sie standen auf Heimat, heile Welt, blonde Mädel und frische Burschen »zäh wie Leder, flink wie Windhunde, hart wie Kruppstahl«. Brecht hingegen schrieb gegen Krieg, gegen Gewalt, gegen Unrecht und Missstände. Die Helden seiner *Dreigroschenoper* sind Gauner wie Mackie Messer, Dirnen und Bettler, die wie die breite Masse nach dem Krieg ums nackte Überleben kämpfen. Wer Schuld an deren Elend hatte, war für Brecht klar: die Besitzenden. Brecht: »Was ist ein Einbruch in eine Bank gegen die Gründung einer Bank?« Für ihn stand fest, dass der Überlebenskampf für die Armen, die Unterdrückten und Benachteiligten nur durch eine Kraft zu gewinnen war: Sozialismus und Kommunismus nach russischem Vorbild. Diktatur des Proletariats. Alle Macht der Arbeiterklasse. Dafür trat er mit seinen Stücken ein, dafür wurden sie als Schmierereien beschimpft. Dazu kam, dass Brecht eine Form des Theaterspiels entwickelte, die so gar nicht dem Bild entsprach, das die rechten Schlägertrupps vom Theater hatten.

Gottsched hatte beim Theater auf strenge Regeln gesetzt, Lessing auf das Gefühl, der junge Goethe auf den Bruch aller Regeln, Gerhart Hauptmann auf die genaue Abbildung der Wirklichkeit – doch so unterschiedlich sie waren, eines hatten sie gemeinsam: Der Zuschauer sollte in die Handlung der Stücke eintauchen, mitfühlen, mitleiden, um dadurch gebessert zu werden. Bertolt Brecht verfolgte dasselbe Ziel, sein Weg dorthin war jedoch völlig anders. Er hielt die Zuschauer auf Abstand. Sie sollten das Bühnengeschehen möglichst kühl, kalt, gefühllos verfolgen. Der Betrachter fiebert bei den Stücken nicht mehr mit, er wägt ab, bleibt auf Distanz. Um diesen Abstand zu fördern, setzte Bertolt Brecht ungewohnte Mittel ein, die das Bühnengeschehen verfremden und den Zuschauer aus der behaglichen Betrachtung reißen. Schrille Musik, Geräusche, verzerrte Bühnenbilder. Bei *Trommeln in der Nacht* hing ein Plakat im Zuschauerraum: »Glotzt nicht so romantisch«. Die Schauspieler mussten auf Anweisung Brechts so spielen, als ob sie sich selbst über die Figuren und ihre Handlungen wunderten. *Der gute Mensch von Sezuan*:

Wir stehen selbst enttäuscht und sehn betroffen
Den Vorhang zu und alle Fragen offen.

Anders als das bisherige Theater gaben Brechts Stücke keine Handlungsanweisungen mehr, wie Mensch und Gesellschaft zu verbessern sind. Die Moral von der Geschicht ist nicht mehr vorgegeben. Brechts Stücke liefern keine Antworten, sie stellen Fragen. Die Betrachter müssen selber denken. Indem sie eigene Antworten auf die im Stück gestellten Fragen finden, so Brechts Hoffnung, werden sie das Schlechte auch in ihrer Umgebung leichter erkennen, um es dann zu beseitigen. Brecht sah sich als Lehrer, seine Zuschauer als Schüler. Er besaß eine Eselsfigur, der er einen Zettel um den Hals gehängt hatte, darauf stand: »Auch ich muß es verstehen.«

Brechts Theater hatte Erfolg, besonders *Die Dreigroschenoper*. Lieder aus der Bettleroper, wie das über Mackie Messer – »Und der Haifisch, der hat Zähne« –, wurden Gassenhauer, und Stücke wie *Aufstieg und Fall der Stadt Mahagonny* oder *Die heilige Johanna der Schlachthöfe* reizten weiter zu Gegenangriffen. Bei einer Aufführung des Stückes *Die Maßnahme* griff die Polizei ein, die Theaterbetreiber wurden wegen Hochverrats angeklagt. Brechts Lage spitzte sich zu. Seine Stücke wurden von den Spielplänen der Theater genommen oder von vornherein abgelehnt. Mit der endgültigen Machtergreifung Hitlers kam für Brecht und ungezählte andere Schriftsteller, Maler, Musiker das Aus. Ihre Kunst wurde als »entartet« abgestempelt. Am 30. Januar 1933 übernahm Hitler die Macht in Deutschland, vier Wochen später floh Brecht. Für ihn begann eine Irrfahrt, die fünfzehn Jahre dauerte. Viele, die wie er noch rechtzeitig geflohen waren, verarmten völlig, viele überlebten die Flucht nicht, viele ertrugen die Heimatlosigkeit nicht und brachten sich um.

Bertolt Brecht wurde ausgebürgert, die deutsche Staatsangehörigkeit wurde ihm aberkannt. Er lebte in Prag, Wien, Zürich, Paris, London, Dänemark, Schweden, Finnland, in Russland und Amerika – und dennoch waren die Jahre der Flucht und des Zweiten Weltkriegs für ihn fruchtbare Jahre. Brecht war ständig pleite, aber die Verachtung der Nazis, des Krieges und der Zwang, Geld verdienen zu müssen, trieben ihn voran. Seine besten Stücke entstanden. *Furcht und Elend des Dritten Reiches*, *Leben des Galilei*, *Mutter Courage und ihre Kinder*. Am 8. Mai 1945 dann die erlösende Nachricht: Nazideutschland kapituliert bedingungslos. Kurz darauf wurde die Bombe über Hiroshima gezündet. Brecht: »Dieser Superfurz übertönt alle Siegesglocken.« Der Zweite Weltkrieg war vorbei. Bertolt Brecht reiste in die Schweiz, das einzige Land, das den Staatenlosen zunächst aufnahm, ehe er wieder eine Staatsbürgerschaft erhielt. Brecht wurde – Österreicher. In der Schweiz aber war Bertolt Brechts bekannteste Schilderung der Sinnlosigkeit des Krieges, *Mutter Courage und ihre Kinder*, zum ersten Mal aufgeführt worden.

Die Courage ist Marketenderin im Dreißigjährigen Krieg. Sie gehört zum Tross des Heeres, verkauft ihre

Waren, versucht sich und ihre Kinder so rechtschaffen als möglich durchzubringen. Ihrer stummen Tochter Kattrin zuliebe schlägt sie ein gesichertes Leben aus, das ihr ein Koch anbietet. Während Mutter Courage an ihrem Planwagen schachert, wird ihr ältester Sohn Eilif ins Heer gelockt. Rasch passt er sich an. Für seine rücksichtslosen Beschlagnahmungen wird er ausgezeichnet. Nach einer erneuten Beschlagnahmung aber wird er hingerichtet, weil er sie zufällig während eines Waffenstillstands beging. Sie gilt damit als Plünderung. Sein einfältiger Bruder Schweizerkas steigt im Krieg zum Zahlmeister auf. Seine kindische Redlichkeit wird sein Verhängnis. Nach einer Niederlage beschützt er die Kriegskasse weiter. Dafür wird er erschossen. Mutter Courage versäumt seine Rettung, weil sie zu ausgefuchst um sein Lösegeld feilscht. Kattrin fällt einem Landsknecht in die Hände. Doch ausgerechnet die verachtete Kattrin opfert bedenkenlos ihr Leben, um durch Trommelschlag eine schlafende Stadt vor dem Feind zu warnen. Mutter Courage bleibt gezeichnet und allein zurück. Um zu überleben, folgt sie mit ihrem Wagen weiter dem Krieg, ohne einzusehen, dass es allein der unselige Krieg ist, der ihr alles genommen hat.

Der Krieg frisst seine Kinder. Der Krieg und die entbehrungsreichen Jahre im Ausland hatten auch Bertolt Brecht gezeichnet. Der Hai hatte seine Zähne verloren, im wahrsten Sinne. Bertolt Brecht kehrte nach Deutschland zurück und ließ sich elf Zähne ziehen. »Tabula rasa für Prothesen.« Nachkriegsdeutschland aber war geteilt. Der Westen war von Amerikanern, Engländern und Franzosen besetzt, der Osten von Russen. Die Siegermächte übertrugen ihre Weltanschauungen auf ihre Besatzungszonen. Im Westen Demokratie, im Osten Sozialismus. Brecht entschied sich für Ostdeutschland, da er noch immer glaubte, die Herrschaft der Arbeiter- und Bauernklasse sei der richtige Weg zur Wohlfahrt für alle und zu dauerhaftem Frieden. Die Deutsche Demokratische Republik, DDR, wurde jedoch nicht das erträumte Paradies der Arbeiter und Bauern. Aus der Diktatur des Proletariats wurde die Diktatur über das Proletariat, und wieder eckte Bertolt Brecht an. Er wollte helfen, den ostdeutschen Arbeiter- und Bauernstaat aufzubauen – den Mund verbieten ließ er sich nicht.

Sein wichtigster Beitrag für den neuen ostdeutschen Staat war die Gründung seiner eigenen Theatertruppe, das Berliner Ensemble, abgekürzt BE. Es spielte seine Stücke nach seinen Vorgaben und erntete damit weltweit Anerkennung. In Deutschland wurde sie ihm versagt. Bertolt Brecht saß zwischen allen Stühlen. Den Demokraten im Westen war er zu sehr Sozialist, den Sozialisten im Osten zu sehr Bürgerlicher. Bertolt Brecht wurde auf beiden Seiten abgelehnt. Als in Westdeutschland *Der gute Mensch von Sezuan* auf die Bühne kam, wurde das Stück als Propaganda eines sich zum Kommunismus bekennenden so genannten Dichters verunglimpft, als in Ostdeutschland Brechts *Das Verhör des Lukullus* angesetzt war, wurde angeordnet, die öffentliche Aufführung zu untersagen und das Stück vom Spielplan zu nehmen. Als dennoch wenigstens eine eigene Darbietung für hochrangige Funktionäre aus Partei und Regierung erlaubt wurde, verkauften einige ihre Karten an westdeutsche Besucher, die von stürmischem Beifall berichteten, bei dem sich die Ehrenlogen für die Parteioberen sofort leerten. Bertolt Brecht starb 1956 an einem Herzinfarkt. Brecht, kurz vor seinem Tod: »Schreiben Sie, daß ich unbequem war und es auch nach meinem Tode zu bleiben gedenke.«

Wer einmal aus dem Blechnapf frißt

Hans Fallada

Geschlossene Anstalt, rauschgiftsüchtig, Zuchthäusler, Trinker. »In meinen Papieren stand von Geburt an: Pechvogel.« Rudolf Ditzen, 1893 bis 1947, der Unglücksrabe, der sich Hans nach *Hans im Glück* und Fallada nach dem sprechenden Pferdekopf im Märchen der Gebrüder Grimm *Die Gänsemagd* nannte. Glücklich war sein Leben nicht. Momentaufnahmen.

Ein Pausenhof in Berlin: »Ich sehe mich da noch stehen, blaß, kränklich, verzweifelt, in meinem Mauerwinkel. Die ganze Penne freute sich ihrer Freiviertelstunde, mir war sie eine Qual.« Er wurde gehänselt, weil er geflickte Hosen anhatte, um zu sparen, und die Haare lang trug, weil das der Mutter so gefiel. Ständig war er krank gewesen. Kaum gesund, tollte er herum, bis er wieder stürzte, sich den Kopf aufschlug und eine Gehirnerschütterung bekam. Kleinere Missgeschicke zählte er nicht. Rudolf Ditzen war deshalb ein Jahr später als üblich eingeschult worden. Um aufs Gymnasium zu gehen, musste er sich den Fragen des bärbeißigen Direktors stellen. Er war vorbereitet, doch er versagte völlig. Eingeschüchtert stotterte er vor sich hin, vergrub die Hände in den Hosentaschen. Genommen wurde er trotzdem. Die Schule aber wurde für Rudolf Ditzen die Hölle. Er hatte fürchterliche Angst, lernte nicht, blieb sitzen, schämte sich dafür und blieb wieder sitzen. War er nicht krank, trank er Essig, um krank zu werden und nicht in die Schule zu müssen. Rudolf Ditzen versuchte auszubrechen.

Er wollte nach Hamburg, um Schiffsjunge zu werden. Sein Vater erwischte ihn und war entsetzt, denn der Junge hatte ihm das Geld für die Reise gestohlen. Aus Rudolf Ditzens Stammeln aber hörte er dessen Unglück heraus und schickte ihn auf ein anderes Gymnasium. Mit einem Schlag wurde der Sohn ein besserer Schüler.

Eine Straße in Leipzig: Sie waren umgezogen. Rudolf Ditzen hatte die Aufnahmeprüfung für ein Leipziger Gymnasium geschafft. Dafür bekam er ein Fahrrad. Ein verhängnisvolles Geschenk. Frühmorgens schlich er sich in den Keller, nahm das Rad und fuhr zu seinem Onkel, den er herausläutete. Der bot ihm eine Zigarette an, da er doch sicher schon rauche. Er rauchte nicht, nahm sie trotzdem und erbrach sich auf dem Heimweg. Immer schneller trampelte er auf der noch unbelebten Straße zurück. Er konnte nicht mehr bremsen, ein Fleischerwagen überrollte ihn. Ein Fuß gebrochen, der Kiefer zertreten, der Magen geplatzt. Nur weil er sich erbrochen hatte, blieb Rudolf Ditzen am Leben. Wochenlang musste er liegen, und als er abgemagert entlassen wurde, hinkte er, die restlichen Zähne waren an einem Gestänge mit Draht aufgehängt. Er büßte ein weiteres Jahr in der Schule ein, und um aufzuholen, musste er allein für sich pauken.

Ein Ferienlager: Um nicht völlig zu vereinsamen, durfte er an die See fahren. Weil er verzweifelt versuchte, so wie alle anderen zu sein, benahm er sich ungeschickt. Er war eingeteilt worden, auf den Eintopf zu achten. Übereifrig zwängte er immer mehr Treibholz unter den Kessel, bis dieser umkippte. Er warf die Kartoffeln, Bohnen und Fleisch in den Topf zurück, doch weil das Gebräu gruselig schmeckte, stahl er Zucker aus den Rucksäcken. Wie in Robert Musils *Die Verwirrungen des Zöglings Törleß* taten Schüler einem Schüler dafür Grausames an. Seine Strafe war, unter Wasser getaucht zu werden. Er wurde ohnmächtig, bekam Fieber, wurde nach Hause und dann ins Krankenhaus geschickt. Frisch entlassen, fand er Zeichnungen nackter Mädchen, die er ausmalte und versteckte. Sie wurden von den Eltern gefunden. Galt er bis dahin nur als Tollpatsch, so schämten sie sich nun für ihn. Er weinte nur noch.

Rudolstadt bei Weimar: Rudolf Ditzen kam zu einem Pfarrer, um nicht noch mehr Unterricht zu versäumen, doch der Pfarrer wurde nicht mit ihm fertig, und Ditzen wurde daher in die Obhut eines Oberst gegeben. Bei ihm fand er Pistolen. Mit einem Freund schloss er einen Vertrag, sich gemeinsam umzubringen. An einem Herbstmorgen des Jahres 1911 standen sie sich gegenüber. Rudolf Ditzen war achtzehn, der Freund sechzehn. Ditzen streckte den anderen nieder, anschließend gab er ihm den Gnadenschuss. Danach schoss er sich in die Brust. Eine Kugel in die Lunge, eine zweite dicht am Herzen vorbei. Er wurde gefunden und überlebte. Im Krankenhaus verhaftete ihn die Polizei. Die Anklage lautete zuerst auf Mord, dann auf Totschlag. Als sich der Vertrag fand, wurde das

Verfahren eingestellt, Rudolf Ditzen für unzurechnungsfähig erklärt und in eine geschlossene Anstalt eingewiesen. Dort blieb er zwei Jahre und begann zu schreiben.

Gelesen hatte er schon immer gern, sich aus der Schulhölle auf Robinsons Insel geflüchtet, sich Geschichten ausgedacht, doch bis zu seinem ersten Roman vergingen nach seiner Entlassung noch Jahre, in denen er sich betrank, Morphium spritzte, in der Landwirtschaft eine Stelle nach der anderen antrat und verlor. Bei Ende des Ersten Weltkriegs hatte er dennoch einen Roman fertig. Stolz schickte er ihn zu den Eltern, doch die zeigten, wie schon die Eltern der Droste und Hermann Hesses, nur Unverständnis. Von da an nannte er sich Hans Fallada, doch Glück hatte er immer noch nicht. Die Sucht fraß sein Geld. Hans Fallada wurde wegen Unterschlagung verhaftet und zu drei Monaten verurteilt, die er absaß.

Im Gefängnis: Hans Fallada unterschlug ein zweites Mal Geld. Er stellte sich freiwillig, doch als vorbestrafter Rückfälliger ohne festen Wohnsitz wurde er zu zweieinhalb Jahren verurteilt. Der Entzug im Gefängnis half ihm jedoch Rauschgift und Sucht loszuwerden. Wieder in Freiheit, kaufte sich Hans Fallada eine Schreibmaschine, mit der er Adressen abtippte. Er arbeitete als Anzeigenwerber. Das Geld reichte gerade so für Brot, Milch und Bücklinge. Er ging nach Berlin, und nebenbei schrieb er den Roman *Bauern, Bonzen und Bomben*: Die Straßenkämpfe gegen Ende der Weimarer Republik, die Unversöhnlichkeit der politischen Parteien, die Unzufriedenheit des Landvolks, die Hans Fallada vor dem Hintergrund einer Kleinstadt zeigt, machten es zum richtigen Buch zur richtigen Zeit. Das Geld aber, das er nun reichlich verdiente, benebelte ihn. Er begann wieder heftig zu trinken.

In Mecklenburg: Hans Fallada war vor den Berliner Bars geflohen und hatte ein Haus gekauft. Als er es kaufte, war er so betrunken, dass er seiner Frau nicht einmal berichten konnte, wie groß es überhaupt sei. Zwischen dem Trinken das Schreiben: *Bauern, Bonzen und Bomben* war ein Erfolg in Deutschland, *Kleiner Mann – was nun?* wurde ein Erfolg in der ganzen Welt. Landwirtschaft, Gefängnis, Heilanstalten hatten Hans Fallada gelehrt, wie die kleinen Leute dachten, wie sie sprachen, welche Sorgen sie drückten, wie ihr täglicher Kampf ums Überleben aussah. *Kleiner Mann – was nun?*: Endzeit der Weimarer Republik, Wirtschaftskrise, Millionen von Arbeitslosen. Johannes Pinneberg und seine Freundin Emma, genannt Lämmchen, schlagen sich durch, so gut es geht. Warm und zart sind sie füreinander da. Emma erwartet ein Kind, auf das sie sich freuen, sie bemühen sich um ein Auskommen und eine Wohnung. Der Niedergang Deutschlands aber ist auch der ihre. Rückschlag folgt Rückschlag. Pinneberg verliert seine Stelle als Warenhausverkäufer. Er geht im Heer der Arbeitslosen auf, verliert seine Selbstachtung, gerät in die bürgerkriegsähnlichen Tumulte der untergehenden Weimarer Republik. Er sucht Arbeit, die es nicht gibt. Um ein Dach über dem Kopf zu haben, behelfen sie sich mit einer armseligen Laube. Kehrt er abends zu seinem Lämmchen heim, ist sie und sein Kind, das sie liebevoll »Murkel« rufen, sein ganzer Trost. Trotz aller Rückschläge geben sie nicht auf. Bei ihnen keimt Hoffnung selbst in der größten Verzweiflung. *Kleiner Mann – was nun?* – diese Frage aber bleibt unbeantwortet.

Hans Falladas Haus: Er glaubte, sein Glück und endlich eine Heimat gefunden zu haben. Das Haus wurde seine Zuflucht, doch er fühlte sich bedroht, und das zu Recht. Im Jahr nach der Machtübernahme Hitlers war Falladas *Wer einmal aus dem Blechnapf frißt* erschienen. Nachdem Pinneberg in *Kleiner Mann – was nun?* sich nicht als stramm rechts gezeigt hatte, wurde Falladas neues Buch argwöhnisch beäugt, zumal Hitlers Horden lieber Zucht und Ordnung einprügelten, als dass sie Verständnis für ein Lebensschicksal wie das des Willi Kufalt aufbrachten, von dem Fallada erzählt: Willi Kufalt ist kein geborener Gewohnheitsverbrecher, eher ein Unglücksrabe, dessen Missgeschicke schon früh sein Selbstvertrauen brechen. Er verzagt am Leben, folgt allzu leicht böser Versuchung. Der junge Willi Kufalt wird in eine Banklehre gesteckt, die ihm ganz und gar nicht liegt. Er unterschlägt Geld und kommt dafür fünf Jahre ins Gefängnis. Nach der Entlassung ist er vom festen

Willen beseelt, sein Leben zu meistern. Doch wer einmal aus dem Blechnapf frisst, für den scheint der Rückfall unausweichlich. Das Misstrauen der Mitmenschen erschwert seine Wiedereingliederung, und seine eigene Schwäche bringt ihn zu Fall. Ihm gelingt es zwar, sich bei einer Zeitung vom Adressenabschreiber zum Anzeigenwerber hochzuarbeiten, er gewinnt sogar die Zuneigung eines Mädchens, mit dem er sich verlobt, doch als der Verdacht, eine Gaunerei begangen zu haben, irrtümlich sogleich auf ihn, den Strafentlassenen fällt, gibt er auf. Wenn schon als Verbrecher gebrandmarkt, dann richtig. Willi Kufalt wird Handtaschenräuber. Er wird erneut geschnappt und zu sieben Jahren Haft verurteilt. Das geordnete und sorglose Leben im Gefängnis erlebt er beinahe als Erlösung.

Im Vorwort zu *Wer einmal aus dem Blechnapf frißt* hatte sich Hans Fallada kniefällig vor den neuen Herren im Land verbeugt und sie willkommen geheißen, weil er sich mit ihnen gut stellen wollte, um nicht verhaftet oder aus der eben erst gewonnenen neuen Heimat vertrieben zu werden. Hans Fallada hatte Angst. Die Titel vieler Geschichten, die er während der Hitlerherrschaft schrieb, sprechen Bände. *Märchen vom Stadtschreiber, der aufs Land flog*, *Hoppelpoppel wo bist du?*, *Fridolin der freche Dachs*, *Geschichten aus der Murkelei*. Nur nicht auffallen. Doch das half ihm wenig. Er wurde vorübergehend zum unerwünschten Schriftsteller erklärt. Als sein Roman

Wolf unter Wölfen erschien, schwenkten die Machthaber jedoch um. Lob selbst von ihnen. Als er aber in seinem nächsten Buch über einen Droschkenkutscher schrieb, der mit einer Kutschfahrt zum Erzfeind nach Paris auf das Aussterben seines Handwerks aufmerksam macht, kam wieder alles anders. *Der eiserne Gustav* wurde verboten, Hans Fallada vorgeladen und gezwungen, den Schluss des Romans im Sinne Hitlerdeutschlands abzuändern.

Hans Fallada war völlig verunsichert. Er saß in einer Zwickmühle. Sein Schreiben wurde einigermaßen geduldet, doch er hatte auf der Hut zu sein. Jede neue Seite konnte ihn ins Gefängnis oder ins Konzentrationslager bringen. Andererseits musste er schreiben, um zu überleben. Hans Fallada arbeitete so rücksichtslos wie besessen. Hundert Seiten nahm er sich für eine Erzählung vor, dreihundert für einen Roman, doch ständig wurden sechshundert daraus, achthundert oder tausend. Schreiben wurde zur Sucht. Fing er an, hörte er nicht mehr auf. Zehn bis zwölf Stunden am Tag, und auf beinahe alle Bücher folgte der Absturz in Schwermut oder Nervenzusammenbruch, oft aus Angst, eine neue Geschichte nicht zu Ende schreiben zu können oder nicht mehr gelesen zu werden. Bald hing Hans Fallada wieder an der Nadel, und er wurde immer unberechenbarer. Bei einem Streit schoss er auf seine Frau, doch er rappelte sich nochmals auf und schrieb *Der Trinker*, eine beklemmende Schilderung der Angst und des Grauens vor sich selbst. Danach erneut Nervenzusammenbrüche, Einweisungen und Entlassungen. Dann die letzte Demütigung. Wieder in einer Klinik, wurde er im Rollstuhl Medizinstudenten als abschreckendes Beispiel vorgeführt, was Rauschgift aus einem bekannten Schriftsteller gemacht hat. Hans Fallada war am Ende. Er sprach nur noch schleppend, bettelte um Rauschgift. 5. Februar 1947: Herzstillstand. Sein letzter Roman trägt den Titel *Jeder stirbt für sich allein*.

Schreiben. Dazu braucht man Alkohol

Bettine Brentano und Irmgard Keun

Die Jahre vor dem Ersten Weltkrieg und die Jahre der Weimarer Republik waren endlich auch die Zeit des Durchbruchs schreibender Frauen. Irmgard Keuns *Das kunstseidene Mädchen* entstand, Else Lasker-Schüler schrieb ihre Gedichte, Lena Christ ihre *Erinnerungen einer Überflüssigen*, Marieluise Fleißer ihre Stücke *Fegefeuer in Ingolstadt* und *Pioniere in Ingolstadt*. Doch Hand aufs Herz: Die Namen der meisten Schriftstellerinnen dieser Jahre gerieten genauso in Vergessenheit, wie die vieler Autorinnen aus den Jahrhunderten zuvor. Und deshalb zumindest zwei Lebensumrisse aus zwei Jahrhunderten: der Bettine Brentanos und der Irmgard Keuns.

Die Geschichte der Frauen in der Literatur ist zugleich die Geschichte der Gleichberechtigung. Frauen spielten ihre Rolle meist im Verborgenen. Selten blieben sie als Schriftstellerinnen im Gedächtnis, eher schon als treusorgende Hausfrauen oder vernichtende Geliebte. Nicht der Mensch, der Mann galt als Krone der Schöpfung. Nur ihm wurden der Geist und die Erfindungskraft zum Bücherschreiben zugetraut. Zu lange hatte das Christentum gepredigt, die Frau sei die Einfallspforte des Teufels, eine unentrinnbare Strafe, ein Mangel der Natur, ein sündenbeladenes Tier, ein schwaches Gefäß und Werkzeug, das ganz dem Manne untertan sei. Johann Gottfried Herder: »Eine Henne, die da krähet, und ein Weib, das gelehrt ist, sind üble Vorboten: Man schneide beiden den Hals ab.«

Seit der Aufklärung aber rangen Frauen um ihre Rechte im Leben wie im Schreiben, die sie sich langsam, Schritt für Schritt eroberten. Erste wirkliche Erfolge im Kampf um ein eigenständiges und selbstbestimmtes Leben gelangen vor allem zu Beginn des neunzehnten Jahrhunderts, in der Romantik. In den Salons von Rahel Levin und Henriette Herz traf sich bei Tee und Butterbrot alles, was in Literatur, Musik und Gesellschaft Rang und Namen hatte. Beide Gastgeberinnen zogen in Berlin die Fäden im Hintergrund, und Adlige und Bürgerliche stritten bei ihnen ohne Ansehen des Standes gemeinsam über den richtigen Weg zu Fortschritt und Freiheit. Was die Levin und die Herz für Berlin, das war Caroline Schlegel-Schelling für Jena. Bei ihr trafen sich Romantiker wie Ludwig Tieck oder Novalis, um ihre neue Sicht der Kunst zu entwickeln.

Noch aber wurden Frauen angefeindet, sobald sie nicht mehr mit Heim und Herd zufrieden waren und nach eigenem Glück strebten. Nach dem Tod ihres Mannes wartete Caroline Schlegel-Schelling nicht gramvoll darauf, ihm ins Grab nachzusinken. Während der Revolutionskriege gegen Frankreich bekam sie ein uneheliches Kind von einem neunzehnjährigen französischen Offizier, den sie verließ. Sie heiratete erneut und ließ sich für einen zwölf Jahre Jüngeren wieder scheiden. Ein Skandal. Sie wurde als »zweibeinige Schlange« beschimpft oder schlicht als »das Übel«. Schiller nannte sie »Dame Luzifer«, seine Frau empfahl, sowie Caroline zum Haus heraus sei, alle Türen und Fenster zu öffnen und zwei Pfund Räucherpulver zu verbrennen, damit die Luft von ihr bis zum letzten Hauch gereinigt werde. Caroline Schlegel-Schelling litt darunter ihr Leben lang, und doch ging sie ihren Weg genauso wie Bettine Brentano.

Erster Lebensumriss, Bettine Brentano, Anfang neunzehntes Jahrhundert: Clemens Brentanos Schwester, geboren 1785, verheiratet mit Achim von Arnim, hielt die Familie schon als Kind für einen übergeschnappten Hauskobold, Wildfang und Irrwisch. Sie kletterte auf Apfelbäume, war geistreich, eigensinnig und widerspenstig und galt als gewaltige Schwätzerin, weil sie sich den Erwartungen, die an eine junge Dame gestellt wurden, nicht unterwarf. Sticken, stricken, kochen, brav lernen lag ihr nicht. Ihre Lebhaftigkeit wurde für närrisch gehalten. Als ihr ein erster Bräutigam schmackhaft gemacht wurde, schimpfte sie wie ein Rohrspatz, ihr »so einen Esel« anzubieten. Auch Clemens Brentano biss sich an ihr die Zähne aus, als er ihr Vorschriften machte. »Mit meinem Mund gebe ich Dir einen Kuss auf Deinen, in welcher Sprache kann ich gebieterischer ausrufen, halts Maul geliebter Bruder!«

Nach Achim von Arnims Tod erstritt sich die fünfundvierzigjährige Bettine von Arnim die Freiheit, die sie auch in der Ehe nicht gefunden hatte. Gegen den erbitterten Widerstand ihrer Familie, die um ihren guten Ruf bangte, gab sie drei Jahre nach Goethes Tod

1832 ihre Erinnerungen an den von ihr über alles bewunderten Dichter heraus. Mit *Goethes Briefwechsel mit einem Kinde* hievte sie Goethe und ihre Liebe zu ihm für alle sichtbar auf einen Sockel. Ihr Bruder hatte sie angefleht, das Buch nicht zu veröffentlichen, einer ihrer Söhne freute sich darauf, die Blätter des Buches »kreuzweise« zu verwenden, doch die Witwe und Mutter von sieben Kindern ließ sich nichts mehr vorschreiben. Das Buch wurde ein Erfolg, weil es in ihm von Küssen, Umarmen, Auf-dem-Schoß-Sitzen nur so wimmelte. Bettine von Arnim wurde berühmt, ihre Familie aber strafte sie mit Verachtung. Für sie kein Grund, aufzugeben. Während Annette von Droste-Hülshoff unter der Knute ihrer Familie stand, schwang Bettine von Arnim selbst die Peitsche. Ihr Einsatz galt dabei jedoch nicht nur ihrer eigenen Freiheit. Sie geißelte die Missstände, unter denen das verarmte Volk in Deutschland vor der Revolution von 1848 lebte.

Bettine von Arnim kämpfte klug. Ihre schärfste Waffe waren ihre Briefe, die sie wie kaum eine sonst zu schreiben verstand und die sie geschickt unter die Leute brachte. Unbeugsam legte sie sich darin mit buckelnden Hofschranzen und selbstherrlichen Amtsvorstehern an, denen sie die Hauptschuld am Elend der Armen gab. Ihr entwaffnender Witz war gefürchtet: Als ihr zusammen mit einem Bescheid über eine Restschuld Hundesteuer zugleich eine viermal so hohe Versäumnisstrafe zugestellt wurde, die sie binnen drei

Tagen zu zahlen habe, andernfalls werde sie gepfändet, wehrte sie sich mit der herzerweichenden Geschichte eines jungen, unbedarften Hundes vom Lande, den es in die große Stadt verschlagen hat und der unschuldig als Verbrecher gebrandmarkt wird. Die Geschichte war ein Lacher. Zum Brüller wurde sie, als Bettine von Arnim die Steuereintreiber darauf aufmerksam machte, dass ihr Schwager, immerhin Justizminister, die Schuld bereits bezahlt habe. Man möge sich gefälligst an ihn wenden. Ein weiteres Beispiel von vielen: Ihr Dienstmädchen, das sich bei ihr als verarmte Adlige eingeschlichen und sie betrogen hatte, kam vor Gericht. Bettine von Arnim wurde vorgeladen. Sie gab an, ihr verziehen und das Gestohlene geschenkt zu haben. Die Anklage lautete jedoch nicht auf Betrug, sondern auf unberechtigte Führung eines Adelstitels, die mit zwei Jahren Zuchthaus zu bestrafen war. Bettine von Arnim geriet so in Rage, dass sie einen ihrer Söhne überredete, sich selbst wegen Anmaßung eines Freiherrentitels anzuzeigen. Wie von ihr vorausgesehen, wurde er als Adliger nicht angeklagt. Sie drohte damit, diese Ungerechtigkeit aller Welt bekannt zu machen. Der Fall ihres Dienstmädchens war damit erledigt.

Ebenso schlau und gewandt trat Bettine von Arnim für die Gebrüder Grimm ein, die wegen ihrer freiheitlichen Gedanken von der Universität Göttingen entlassen worden waren, doch Rückschläge blieben nicht aus. Der Briefwechsel mit ihrem verstorbenen Bruder, *Clemens Brentanos Frühlingskranz*, den sie herausgab, wurde beschlagnahmt, und dazu ein weiteres Buch, dessen Erlös Hoffmann von Fallersleben zugute kommen sollte. Fallersleben, dessen Gedicht *Deutschland, Deutschland über alles* später zum Text der Nationalhymne wurde, war wegen aufrührerischer Gedanken in Haft genommen worden. Auch ihr *Armenbuch*, dessen Gewinn den Ärmsten zufließen sollte, kam nicht heraus, weil unmittelbar vor dem Erscheinen die Weberaufstände in Schlesien ausgebrochen und auf Befehl des Königs blutig niedergeschlagen worden waren. Bettine von Arnim geriet in Verdacht, die Aufstände mit geschürt zu haben. Ihre Wohnung, in der sich führende Fortschrittliche trafen, wurde bespitzelt, ihre Post geöffnet.

Am 11. März 1848 durfte ihr Hoffmann von Fallersleben zugedachtes Buch doch noch erscheinen. Eine Woche später, am 18. März 1848, ging das Volk in Berlin auf die Barrikaden. Zunächst siegten die bürgerlichen Aufständischen, und Bettine von Arnim feierte begeistert mit. Ein Jahr später war die Revolution gescheitert. Die Anhänger der alten Adelsherrschaft behielten die Oberhand, auch in Bettine von Arnims Familie. Als sie starb, verräumte ein Sohn ihren schriftstellerischen Nachlass im hintersten Winkel eines Dachbodens. Ihr Kampf für ihre Freiheit und die der Bürger und der Armen hatten sie zu viel Kraft gekostet. Die zeit ihres Lebens übersprudelnde Bettine erlitt einen Schlaganfall, der ihr Hände und

Füße lähmte. Mühsam erholte sie sich, dann ein zweiter Schlaganfall, den sie nochmals zäh bekämpfte. Ihre rechte Seite war taub, doch sie lernte verbissen, wieder zu gehen. Bald aber sprach sie immer weniger, wurde immer stiller. Bettine von Arnim, geborene Brentano, starb am 20. Januar 1852.

Zweiter Lebensumriss, 1905 bis 1982, Irmgard Keun, zwanzigstes Jahrhundert: Aus Irmgard Keuns Kinderjahren ist nicht viel bekannt. Sie selbst schwieg sich aus. »Die Erinnerungen sind sehr verblasst. Am eindrucksvollsten war damals, daß ich mit fünf Jahren dieses widerliche Brüderchen bekam, da wollt' ich mir sogar das Leben nehmen.« Irmgard Keun hat Romane geschrieben wie *Das kunstseidene Mädchen* und *Gilgi, eine von uns*, Erzählungsbände wie *Das Mädchen, mit dem die Kinder nicht verkehren durften*, den Roman *Nach Mitternacht*, dazu einige hundert Briefe, und dennoch ist Irmgard Keuns Leben schwer zu fassen. Sie hat ihr Leben geschönt, frisiert, vieles nur angedeutet, manches verdreht. Selbst ihr Geburtsjahr gab sie falsch an. Als sie in den zwanziger Jahren beschloss, ihr Alter für immer nach unten zu setzen, wählte sie das Geburtsjahr des Bruders als das ihre. Die fehlenden fünf Jahre brachten sie später in Erklärungsnot. Ihre Schulzeit machte sie kürzer, als sie war. »Da hab ich gleich zwei Klassen übersprungen.«

Prägend für Irmgard Keuns Schreiben war das Elend des Ersten Weltkriegs, das sich selbst noch in Geschichten niederschlug, die sie viele Jahre später schrieb. Nur ein Beispiel dafür: In der Erzählung vom *Mädchen, mit dem die Kinder nicht verkehren durften* schickt das Kind einen vorwurfsvollen Brief an den Kaiser, beschwert sich über die »fiese Marmelade«, schreibt von den gefallenen Brüdern, den Munitionsarbeiterinnen, die »Kanarienvögel« genannt wurden, weil ihre Gesichter von Staub und Schwefel bunt bestäubt sind. Und sie schildert die Kaiserin, die ihren Segen an die sterbenden Soldaten verteilt.

> Die Kaiserin legt einem Fiebernden gütig die milde Hand auf die Stirn, und dann sind alle Verwundeten glücklich und wollen vor Glück sterben.

Kein Verwundeter stirbt glücklich im Krieg. Irmgard Keun riss den Machthabern mit ein paar einfachen Sätzen die Maske vom Gesicht. Immer wieder. Ihre Sprache war die Sprache der einfachen Leute: klar, kurz, milieugefärbt. Doch gerade dieser scheinbar unbedarfte Blick der kleinen Leute auf die große Welt entlarvt.

Aus Irmgard Keun war in den Goldenen Zwanzigern »ein Glanz« geworden. Sie hatte zu schreiben angefangen und sie war ermutigt worden. Alfred Döblin, der sich mit seinem Roman *Berlin Alexanderplatz* selbst höchstes Ansehen erschrieben hatte, an Irmgard Keun: »Wenn Sie nur halb so gut schreiben, wie Sie sprechen, erzählen und beobachten, dann werden Sie die beste Schriftstellerin, die Deutschland je gehabt hat.« In der Weimarer Republik war sie zur Schriftstellerin gereift. Den Beginn ihres Schreibens schmückte Irmgard Keun wieder mit erfundenen Geschichten aus. Erst einundzwanzig Jahre sei sie gewesen. Ein Jungtalent. Nur fünf Monate habe sie an ihrem ersten Roman gesessen. Tatsächlich waren es fast zwei Jahre, und dennoch: Als der Roman *Gilgi, eine von uns* 1931 erschien, war er eine Sensation. Das Mädchen Gilgi ist eine aus dem Massenheer der weiblichen Angestellten. Die Mehrzahl von ihnen ist aus dem Arbeiterstand aufgestiegen. Sie kämpfen ums Überleben. Sie halten sich für bürgerlich und setzen alles daran, nicht zu den Arbeitern gezählt zu werden. Sie verdienen weit weniger als die Männer. Sie träumen davon, voranzukommen. Um sich irgendeinen Luxus zu gönnen, sind sie meist darauf angewiesen, von wechselnden Liebhabern bezahlt zu werden. Die Prostitution als zusätzlicher Broterwerb blüht. Und immer die Angst davor, in der Wirtschaftskrise der Weimarer Republik entlassen zu werden. Gilgi ist eine von ihnen. Gekürzter Auszug aus *Gilgi, eine von uns*:

> Gilgi sitzt in der Straßenbahn. Neben ihr, vor ihr die Reihe der Angestellten. Alle sehen einander ähnlich. Braves Fräulein aus guter Familie, nicht wahr, Sie würden die bunte Halskette nicht umbinden, wenn Sie nicht wünschten, daß einer kommt, der findet, daß sie Ihnen hübsch steht? Kleiner Rotschopf, hättest du die 20 Mark für die

> Dauerwelle ausgegeben, wenn du nicht von Schönheitskonkurrenz und Filmengagements träumtest? Auch Greta Garbo ist einmal Verkäuferin gewesen. Gilgi sieht aus dem Fenster. Die Trostlosen da im Wagen – nein, sie hat nichts mit ihnen gemein, sie gehört nicht zu ihnen, will nicht zu ihnen gehören.

Gilgi will es nach oben schaffen, doch es gelingt ihr nicht. Sie verliert sich in ihrer Liebe zu Martin. Ein Frauenheld, großspurig, der auf Pump sein Leben genießt. Sie vertrödelt ihre Arbeit, ihr wird gekündigt, gibt ihr mühsam Erspartes für ihn aus. Am Ende zieht sie mit ihrem ungeborenen Kind nach Berlin und taucht wieder ab in das Heer der vielen.

Irmgard Keuns erster Roman wurde gleich ihr Durchbruch. Kurt Tucholsky: »Hier ist ein Talent. Wenn die noch arbeitet, reist, eine große Liebe hinter sich und eine mittlere bei sich hat –: aus dieser Frau kann einmal etwas werden.« Ein Jahr nach *Gilgi, eine von uns* legte Irmgard Keun nach. *Das kunstseidene Mädchen* kam heraus. Wie Gilgi will auch das Mädchen Doris nach oben. Doch nicht durch Arbeit. »Bei den Tiefsten bleibe ich nicht«, sagt sie.

> Ich will so ein Glanz werden, der oben ist. Mit weißem Auto und Badewasser, das nach Parfüm riecht, und alles wie Paris. Und die Leute achten mich hoch, weil ich ein Glanz bin.

Doris will Schauspielerin werden. Dafür ist ihr jedes Mittel recht. Sie sticht hinterhältig eine Konkurrentin am Theater aus, stiehlt einen Pelz und muss deswegen nach Berlin verschwinden. Doch Berlin hält nicht, was sie sich von der Stadt versprochen hat. Arbeitslosigkeit und bitteres Elend neben glamourösem Reichtum. Um ihr Ziel zu erreichen, lässt sie sich aushalten. Sie kommt immer weiter herunter, doch einfach nur ein Flittchen ist sie nicht. Naiv ist sie, eine Träumerin, die auch etwas vom Leben haben möchte.

Die Sucht nach Unterhaltung, Reichtum, Aufstieg – Irmgard Keun spiegelte erneut das Leben der einfachen Leute, und wieder hatte sie Erfolg. Doch der Erfolg rief auch Neider hervor, besonders im rechten Lager, das von Irmgard Keun verlangte, falls sie etwas zu sagen habe, dann möge sie deutsch schreiben, deutsch reden und deutsch denken und die gemeinen Beleidigungen der deutschen Frau unterlassen. Irmgard Keun wurde in Frankreich gelesen, England wurde aufmerksam, doch in Deutschland war ihre Laufbahn zu Ende, als sie gerade erst begann. 10. Mai 1933: Bücherverbrennung. Bei der Säuberung der Volksbüchereien wurden auch ihre Bücher entfernt. Um überhaupt noch Geld zu verdienen, schrieb Irmgard Keun kleine Geschichten für Zeitungen. »Irgendeine neckische Scheiße ist leichter loszuwerden.« Aber sich kurz zu fassen lag ihr nicht. »Ich kann nur Romane und hab' auch nur daran Freude. Aber lernen kann man schließlich auch den größten

Quatsch.« 1935 wurde sie endgültig auf die »Liste des schädlichen und unerwünschten Schrifttums« gesetzt. Bald darauf verließ sie Deutschland. Irmgard Keun floh nach Belgien. Sie schrieb *Nach Mitternacht*, und wie viele geflohene Schriftsteller kämpfte Irmgard Keun auf ihre Weise gegen Nazideutschland. Sie schrieb. Gekürzter Abschnitt aus Irmgard Keun, *Nach Mitternacht*, Einzug Hitlers in Nürnberg:

> Von weitem schwollen Rufe an: Heil Hitler, näher kam der Mengenruf herangewellt, immer näher – nun stieg er zu unserem Balkon empor – breit, heiser und etwas müde. Und langsam fuhr ein Auto vorbei, darin stand der Führer wie der Prinz Karneval im Karnevalszug. Aber er war nicht so lustig und fröhlich wie der Prinz Karneval und warf auch keine Bonbons und Sträußchen, sondern hob nur eine leere Hand.

Der Führer hat dem Volk nichts zu geben. Ein freudloser Schauspieler. Seine Uniform eine Faschingsverkleidung. Eine einfache und viel gelesene Botschaft, für die ihr im Ausland erneut rege Aufmerksamkeit entgegengebracht wurde, und doch: Das Leben in einem fremden Land zermürbte auch sie. Um überhaupt noch schreiben zu können, fing Irmgard Keun an zu trinken. »Man muß diesen Gedanken und das Wissen um kommende Sintflut, Krieg usw., verdrängen, wenn man schreiben will. Man kann sonst nicht schreiben. Dazu braucht man Alkohol.« Der Krieg, den sie klar vor sich sah, begann am 1. September 1939: Deutscher Angriff auf Polen. 3. September: Kriegserklärung Englands und Frankreichs. Frühjahr 1940: Besetzung Dänemarks und Norwegens durch deutsche Truppen. 10. Mai 1940: Angriff auf Frankreich. Die Niederlande, Luxemburg und Belgien wurden besetzt, und Irmgard Keun saß in der Falle. Sie wusste, was ihr blühen konnte. Zu deutlich hatte sie das Leben unter Hitler aufs Korn genommen. Irmgard Keun musste untertauchen. Als Versteck wählte sie – Deutschland.

Am 16. August 1940 berichtete eine englische Zeitung vom Selbstmord zweier deutscher Schriftsteller: Walter Hasenclever und Irmgard Keun. Für die Welt war sie tot. In Wirklichkeit lebte sie unter falschem Namen in Köln. Den Behörden war durchaus klar, wer hier nach Deutschland zurückgekommen war. Dennoch geschah ihr nichts. Wer die Hand über Irmgard Keun gehalten hat, ist unbekannt. Irmgard Keun überlebte, doch sie trank schlimmer denn je. Kurz nach Kriegsende wurde sie in ein Krankenhaus eingewiesen. Sie war im Suff zusammengebrochen. An ihre Erfolge vor dem Krieg konnte sie nicht mehr anknüpfen.

Anfangs schrieb sie noch, doch Irmgard Keun stimmte nicht ein in das weit verbreitete »Hurra, wir leben noch!«, und sie gehörte nicht zu denen, die das Leid in Deutschland gegen die Schrecken aufrechnete, die das Naziregime in die Welt getragen hatte. Sie hielt den Deutschen einen gnadenlosen Spiegel vor: »Die Menschen in Deutschland sind genau wie sie immer waren. Sie tragen keine Hakenkreuze mehr am Anzug, aber sonst hat sich nichts mit ihnen geändert. An Köln ist das beste, daß es kaputt ist.« Ihre scharfen Angriffe wurden übel genommen. Zu viele der Buchhändler, der Verleger, der Autorenkollegen hatten im Dritten Reich zu kräftig mitgemischt. Irmgard Keun wurde nicht bekämpft – sie wurde totgeschwiegen.

Was folgte, waren über dreißig Jahre Armut. Trunksucht und Medikamentenabhängigkeit verschärften Irmgard Keuns Geldnot. Sie wurde mit schweren Geh- und Sprechstörungen in eine Klinik eingewiesen, unterlag heftigen Stimmungsschwankungen, wurde auf Entzug gesetzt, entlassen, wieder eingewiesen, bis sie für sechs Jahre in einer geschlossenen Anstalt landete. Danach raffte sie sich noch einmal auf, doch was sie in ihre »Geschichtenhefte« eintrug, sprach nur von trostloser Verzweiflung. »Schreibe endlich, Du Idiotin Keun, sei doch nicht so matt und faul.« – »Schreib jeden Tag, gewöhne dich wieder an's schreiben. Lasse es nicht mehr bei der Gedankenschreiberei. Denk doch auf's Papier.« Irmgard Keun war ausgebrannt.

Eine Wende in ihrem Leben lag jedoch noch vor ihr. Nach einem reißerischen Bericht über ihr vergessenes Leben wurde Irmgard Keun wiederentdeckt und ausgeschlachtet. Ihre Bücher wurden in Zeitungen abgedruckt, und selbst das Ausland horchte wieder auf. Irmgard Keun setzte ein letztes Mal ungeahnte Kräfte frei. Sie hielt Lesungen, ihre Bücher kamen erneut auf den Markt, sie verdiente endlich wieder. Sie leistete sich Schmuck, einen Pelz, Köln feierte ihren 70. Geburtstag, der eigentlich ihr 75. war. Ein Jahr vor ihrem Tod bekam sie ihren ersten und einzigen Literaturpreis: den Marieluise-Fleißer-Preis. An der Verleihung aber konnte sie nicht mehr teilnehmen. Alkohol, Medikamente, Rauchen, die Klinikaufenthalte hatten zu schwere Schäden hinterlassen. Irmgard Keun starb am 5. Mai 1982 an Lungenkrebs. »Sie ist genaugenommen nie aus dem Exil zurückgekommen«, wurde bedauernd über Irmgard Keun geschrieben. Der letzte Satz im Roman *Das kunstseidene Mädchen* aber lautet: »Auf den Glanz kommt es vielleicht gar nicht so furchtbar an.«

Sag NEIN!

Wolfgang Borchert

Irmgard Keun, Bertolt Brecht, Thomas und Heinrich Mann waren aus Deutschland geflohen, Hans Fallada war geblieben, zahllose Schriftsteller überlebten den Zweiten Weltkrieg nicht, weil sie verhaftet und hingerichtet worden waren oder in den Gaskammern der Konzentrationslager endeten. Ein Schicksalsweg deutscher Schriftsteller aber wird noch immer kaum betrachtet: der Marsch an die Front. Viele wurden in die Gemetzel geschickt, nur wenige kehrten heim aus Krieg und Gefangenschaft, und wenn, so waren sie für immer gezeichnet. Einer von ihnen war Wolfgang Borchert. Eine seiner letzten Arbeiten ist *Dann gibt es nur eins*. Ein Auszug daraus:

> Du. Mann an der Maschine und Mann in der Werkstatt. Wenn sie dir morgen befehlen, du sollst keine Wasserrohre und keine Kochtöpfe mehr machen – sondern Stahlhelme und Maschinengewehre, dann gibt es nur eins:
> Sag NEIN!
>
> Du. Mädchen hinterm Ladentisch und Mädchen im Büro. Wenn sie dir morgen befehlen, du sollst Granaten füllen und Zielfernrohre für Scharfschützengewehre montieren, dann gibt es nur eins:
> Sag NEIN!

Du. Arzt am Krankenbett. Wenn sie dir morgen befehlen, du sollst die Männer kriegstauglich schreiben, dann gibt es nur eins:
Sag NEIN!

Du. Pfarrer auf der Kanzel. Wenn sie dir morgen befehlen, du sollst den Mord segnen und den Krieg heilig sprechen, dann gibt es nur eins:
Sag NEIN!

Wolfgang Borchert war vierundzwanzig, als er aus dem Krieg zurückkam. Er war zwanzig, als er gehen musste. Borchert wurde Panzergrenadier. Der Kasernenhofdrill, die Rohheit der Befehle, die Erniedrigungen versetzten ihn in ohnmächtige Wut. Im Winter 1941 Marschbefehl an die Ostfront und Fronteinsatz bei Kalinin. Der Winter war ungewöhnlich hart. In Schneestürmen fielen die Temperaturen auf fünfzig Grad unter Null. Das deutsche Heer war schlecht ausgerüstet. Krankheiten gingen um. Wolfgang Borchert litt unter Gelbsucht. Von einer Wache kehrte er mit einer Schussverletzung an der Hand zurück. Sein Vorgesetzter unterstellte ihm, er habe sich selbst verstümmelt. Borchert wurde in ein Lazarett gebracht, erholte sich und wurde verhaftet. Drei Monate saß er in Einzelhaft und wartete auf seine Hinrichtung. Wolfgang Borchert wurde unerwartet freigesprochen, doch er blieb in Haft und wurde erneut vor Gericht gestellt, weil er in Briefen abfällig über das Dritte Reich geschrieben hatte. Das Urteil lautete auf sechs Wochen verschärfte Haft mit anschließender »Frontbewährung«. Strafbataillon.

Im Winter 1942 wurde er wieder an die Ostfront geschickt. Einsatz als Melder. Eine Waffe bekam er nicht. Wieder erkrankte er. Schwere Erfrierungen an den Füßen, Gelbsucht und Fleckfieber. Monatelang wurde er von einem Lazarett ins andere verlegt. Borchert sollte dienstuntauglich geschrieben werden, doch einen Tag vor seiner Entlassung wurde er angeschwärzt. Er hatte Witze über das Reich erzählt. Neun Monate Untersuchungshaft, dann Verurteilung zu neun Monaten Gefängnis, aus dem er zur »Feindbewährung« freigelassen wurde. Der Krieg war längst verloren, die verbündeten Franzosen, Engländer, Amerikaner und Russen standen bereits tief in Deutschland. Borchert geriet in Kriegsgefangenschaft, doch ihm gelang die Flucht. Auf dem Marsch nach Norden traf er auf Amerikaner. Borchert krempelte seine Hosen hoch, spannte einen durchlöcherten Schirm auf und grölte verrückte Lieder. Die Soldaten ließen den Narren laufen. Fiebernd und todeserschöpft erreichte er seine zerbombte Heimat Hamburg. Er hatte überlebt, doch um einen hohen Preis.

Die ständige Unterernährung, die Haft, der Fronteinsatz und die Erkrankungen während des Krieges hatten seiner Leber zugesetzt. Sie war geschwollen. Rückenschmerzen und immer häufigere Fieberanfälle zwangen Wolfgang Borchert im Winter 1946 zum Liegen. Sein Krankheitsbild war nicht recht zu deuten. Er spöttelte über seine Krankheit und wies Mitleid zurück. Vierundzwanzig Jahre war er alt. Für den Rest seines kurzen Lebens blieb Wolfgang Borchert fast völlig ans Bett gefesselt. Er wurde von Krankenhaus zu Krankenhaus weitergereicht. Am 24. Januar 1946 schrieb er ohne abzusetzen, unvorbereitet, ohne Umschweife und ohne im Nachhinein noch irgendwas zu ändern die Erzählung *Die Hundeblume*.

Borchert hatte schon seit der Kindheit an Gedichten herumprobiert. Nun aber war sein Schreiben auf einen Schlag da. Er warf *Die Hundeblume* aufs Blatt, die Geschichte eines Gefangenen, der keinen Namen hat, nur die Nummer, die an seiner Zellentür steht: der Gefangene 432. Seine einzige Abwechslung ist der tägliche Hofgang, das einzige Gefühl, das er hat, ist der Hass auf seinen Vordermann, von dem er Tag für Tag nichts als den Rücken sieht. Eines Tages aber erspäht er auf dem Gefängnishof eine armselige Hundeblume, die dennoch zu seiner ganzen Sehnsucht wird. Doch der bloße Anblick genügt ihm schon bald nicht mehr. Bei jedem Gang lenkt er seine Schritte näher an die Blume, bis er sie schließlich unbemerkt pflückt. Zurück in der Zelle, lässt ihn das Glück, seine Blume bei sich zu haben, alles vergessen und abstreifen: die Gefangenschaft, das Alleinsein, den Hunger nach Liebe, die Hilflosigkeit. Er stirbt noch in der gleichen Nacht, die Blume in der Hand.

Wolfgang Borchert schrieb Kurzgeschichten wie

Jesus macht nicht mehr mit, *Die drei dunklen Könige*, *Das Brot* oder *Nachts schlafen die Ratten doch*, und was und wie er schrieb, gehört zum Besten, was die so genannte Trümmerliteratur zu bieten hat. Fesselnd, hart, treffsicher fügt er seine Erinnerungsfetzen aus Haft und Krieg in seine Geschichten ein, die in den Trümmern des ausgebombten Deutschland auf lauten Widerhall stießen, weil sie verarbeiteten, was allzu viele erlebt hatten. Nicht nur die Städte lagen in Schutt und Asche. Die Wünsche, Hoffnungen und Träume vieler Menschen waren unter der Hitlerherrschaft und im Krieg untergegangen. Überlebende Schriftsteller forderten daher eine neue Art zu schreiben. Aus den Trümmern sollte nicht nur ein neues Deutschland, sondern auch eine neue Literatur entstehen. Wolfdietrich Schnurre forderte in seinem Gedicht *An die Harfner*, nicht mehr kunstvoll gedrechselt zu reimen, sondern geradeheraus zu sagen, was gesagt werden muss, und genau das beherrschte Wolfgang Borchert wie kein Zweiter.

Er wurde zur Stimme einer verlorenen Generation. Verließ ihn zwischendurch das Fieber, versuchte er aufzustehen. Er schleppte sich auf Stuhllehne und Tisch gestützt zum Waschbecken. Kein Tag, an dem er sich nicht anzog, um der Krankheit die Stirn zu bieten. Bei einem Ausgang besuchte er schmerzgebeugt eine Ausstellung, ließ sich untergehakt durch die Räume führen. Die Besucher wichen vor dem Wrack zurück. Die Ärzte glaubten, er werde kein Jahr mehr leben. Sie entließen ihn als unheilbar. Bis Ende 1946 schrieb Borchert vierundzwanzig weitere Geschichten atemlos auf Briefrückseiten, Zettel, Pappe. Anfang 1947 entstand gehetzt, in nur acht Tagen das Hörspiel *Draußen vor der Tür*, die Geschichte des Kriegsheimkehrers Beckmann, der nach fünf Jahren Krieg und drei Jahren Gefangenschaft endlich heim darf.

> Ein Mann kommt nach Deutschland. Er war lange weg, der Mann. Sehr lange. Vielleicht zu lange. Und er kommt ganz anders wieder, als er wegging.

Beckmann gleicht einer Vogelscheuche. Eine abgerissene Uniform, eine Gasmaskenbrille, ausgehungert, das Bein zerschossen. Er ist einer von denen, die nach Hause kommen, aber kein Zuhause mehr haben. Ihr Zuhause ist draußen vor der Tür, nachts im Regen, auf der Straße. Er findet seine Frau wieder, die mit einem anderen zusammenlebt. Beckmann muss gehen. Zerstört versucht er, sich zu ertränken, doch selbst der Fluss spuckt ihn wieder aus. Ein Mädchen findet Beckmann und nimmt ihn mit zu sich. Als ihr Mann kommt, steht Beckmann wieder draußen. Seine Eltern sind tot, sie haben sich mit Gas erstickt. Er trifft seinen einstigen Vorgesetzten, dem er wenigstens die Verantwortung für die elf gefallenen Soldaten seines Stoßtrupps zurückgeben will, deren Frauen ihn nicht loslassen.

Die Fragen jede Nacht, Herr Oberst. Wenn ich dann wach liege, dann kommen sie und fragen. Frauen, Herr Oberst, traurige, trauernde Frauen. Alte Frauen mit grauem Haar und harten rissigen Händen – junge Frauen mit einsamen sehnsüchtigen Augen. Kinder, Herr Oberst, Kinder, viele kleine Kinder. Und die flüstern dann aus der Dunkelheit: Unteroffizier Beckmann, wo ist mein Vater, Unteroffizier Beckmann? Unteroffizier Beckmann, wo ist mein Sohn, wo ist mein Bruder, Unteroffizier Beckmann, wo ist mein Verlobter, Unteroffizier Beckmann? Unteroffizier Beckmann, wo? wo? wo? So flüstern sie, bis es hell wird. Es sind nur elf Frauen, Herr Oberst, bei mir sind es nur elf. Wieviel sind es bei Ihnen, Herr Oberst? Tausend? Zweitausend? Schlafen Sie gut, Herr Oberst? Dann macht es Ihnen wohl nichts aus, wenn ich Ihnen zu den zweitausend noch die Verantwortung für meine elf dazugebe. Können Sie schlafen, Herr Oberst? Mit zweitausend nächtlichen Gespenstern? Können Sie überhaupt leben, Herr Oberst, können Sie eine Minute leben, ohne zu schreien?

Er kann. Er lacht ihn aus. Er hat sich schon wieder ganz gut eingerichtet im Leben. Ihm und allen wäre am liebsten, Beckmann würde einfach verschwinden, damit er sie nicht mehr an ihre Vergangenheit und ihre Mitschuld an Krieg und Judenverfolgung erinnert. Ganz am Ende brüllt Beckmann seine Verzweiflung hinaus. Wohin soll er denn? Wovon soll er leben? Mit wem? Für was? Niemand antwortet ihm.

Das Hörspiel wurde gesendet und löste leidenschaftliche Anteilnahme aus. Borchert schrieb *Draußen vor der Tür* zum Theaterstück um, das zu einem der meistgespielten der Nachkriegszeit wurde. Bis zum Spätherbst 1947 entstanden weitere zweiundzwanzig Kurzgeschichten und bald darauf der Aufruf *Dann gibt es nur eins!*. Sein letztes Aufbäumen. Wolfgang Borchert starb am 21. November 1947. Der Kriegstod hatte ihn doch noch eingeholt.

Der Zweite Weltkrieg war der tiefste Einschnitt im Leben des Wolfgang Borchert und er war der bislang tiefste Einschnitt in der Geschichte deutschsprachiger Bücher. Der Zweite Weltkrieg ist die Grenze, deren Schlagbaum Alt von Neu trennt. Hinter dem Grenzpfahl liegt eine eigene Buchlandschaft, die erwandert sein will. Wen gäbe es dort nicht alles kennen zu lernen, und was nicht alles zu lesen. Heinrich Böll *Billard um halbzehn*, *Ansichten eine Clowns*, *Die verlorene Ehre der Katharina Blum*, Ingeborg Bachmann Gedichte, Siegfried Lenz *Deutschstunde*, Hermann Kant *Die Aula*, Anna Seghers *Das siebte Kreuz*, Max Frisch *Homo Faber*, Alfred Andersch *Sansibar oder der letzte Grund*, Uwe Johnson *Mutmaßungen über Jakob*, Jurek Becker *Jakob der Lügner* und immer so weiter und immer so fort, und vielleicht ergäbe sich sogar die Gelegenheit, doch einmal einen Blick nach Amerika auf Ernest Hemingways *Der alte Mann und das Meer*, nach England auf George Orwells *1984* und *Die Farm der Tiere* und Aldous Huxleys *Schöne neue Welt* oder nach Frankreich auf Albert Camus' *Die Pest* zu werfen, doch das ist ein anderer Spaziergang. Dieser ist zu Ende, und er schließt mit Clemens Brentanos Gedicht *Was reif in diesen Zeilen steht*, das sich jeder Schriftsteller bestimmt gern über das eigene Werk und das eigene Leben ins Poesiealbum schreibt:

Was reif in diesen Zeilen steht,
Was lächelnd winkt und sinnend fleht,
Das soll kein Kind betrüben,
Die Einfalt hat es ausgesäet,
Die Schwermut hat hindurchgeweht,
Die Sehnsucht hat's getrieben;
Und ist das Feld einst abgemäht,
Die Armut durch die Stoppeln geht,
Sucht Ähren, die geblieben,
Sucht Lieb', die für sie untergeht,
Sucht Lieb', die mit ihr aufersteht,
Sucht Lieb', die sie kann lieben,
Und hat sie einsam und verschmäht
Die Nacht durch dankend im Gebet
Die Körner ausgerieben,
Liest sie, als früh der Hahn gekräht,
Was Lieb' erhielt, was Leid verweht,
Ans Feldkreuz angeschrieben,
O Stern und Blume, Geist und Kleid,
Lieb, Leid und Zeit und Ewigkeit!

Autoren- und Werkverzeichnis

Bildnachweis

AKG-Images, Berlin: **12**

Archiv der Georg-Trakl-Forschungs- und Gedenkstätte, Salzburg: **150**

Archiv der Karl-May-Gesellschaft, Radebeul: **119**

Archiv Hildegard Baumgart, Berlin: **189**

Archiv Klaus Wagenbach, Berlin: **142**

Archiv Martina Keun-Geburtig, Mainz: **189**

Archiv Peter Braun, Bamberg: **46**

Bildarchiv Preußischer Kulturbesitz, Berlin: **31, 80, 87**

Deutsches Literaturarchiv Marbach: **39, 57, 63, 158**

Märkisches Museum, Berlin: **102**

Rowohlt Archiv, Reinbek: **179, 205**

Staatsbibliothek Bamberg: **70**

Thomas-Mann-Archiv/Keystone Bildarchiv, Zürich: **128**

Ullstein Bild, Berlin: **57, 113, 169**

Westfälisches Amt für Denkmalpflege, Münster: **94**